묻는다는 것

너머학교 열린교실 22

묻는다는 것

정준희 글 이강훈 그림

너머학교

사람은 자연학적으로는 단 한 번 태어나고 죽지만 인문학적으로는 여러 번 태어나고 죽습니다. 세포의 배열을 바꾸지도 않은 채 우리의 앎과 믿음, 감각이 완전 다른 것으로 변할 수 있습니다. 이것은 그리 신비한 이야기가 아닙니다. 이제까지 나를 완전히 사로잡던 일도 갑자기 시시해질 수 있고, 어제까지 아무렇지도 않게 산 세상이 오늘은 숨을 조이는 듯 답답하게 느껴질 때가 있습니다. 내가 다른 사람이 된 것이지요.

어느 철학자의 말처럼 꿀벌은 밀랍으로 자기 세계를 짓지만, 인간은 말로써, 개념들로써 자기 삶을 만들고 세계를 짓습니다. 우리가 가진 말들, 우리가 가진 개념들이 우리의 삶이고 우리의 세계입니다. 또 그것이 우리 삶과 세계의 한계이지요. 따라서 삶을 바꾸고 세계를 바꾸는 일은 항상 우리 말과 개념을 바꾸는 일에서 시작하고 또 그것으로 나타납니다. 우리의 깨우침과 우리의 배움이 거기서 시작하고 거기서 나타납니다.

아이들은 말을 배우며 삶을 배우고 세상을 배웁니다. 그들은 그렇게 말을 만들어 가며 삶을 만들어 가고 자신이 살아갈 세계를 만들어 가지요. '생각교과서—열린교실' 시리즈를 준비하며, 우리는 새로운 삶을 준비하는 모든 사람들, 아이로 돌아간 모든 사람들에게 새롭게 말을 배우자고 말하고자 합니다.

무엇보다 삶의 변성기를 경험하고 있는 십대 친구들에게 언어의 변성기 또한 경험하라고 말하고 싶습니다. 그래서 자기 삶에서 언어의 새로운 의미를 발견한 분들에게 그것을 들려 달라고 부탁했습니다. 사전에 나오지 않는 그 말뜻을 알려 달라고요. 생각한다는 것, 탐구한다는 것, 기록한다는 것, 읽는다는 것, 느낀다는 것, 믿는다는 것, 논다는 것, 본다는 것, 잘 산다는 것, 사람답게 산다는 것, 그린다는 것, 관찰한다는 것, 말한다는 것, 이야기한다는 것, 기억한다는 것, 가꾼다는 것, 차별한다는 것, 듣는다는 것, 묻는다는 것……. 이 모든 말의 의미를 다시 물었습니다. 그리고 서로의 말을 배워 보자고 했습니다.

'생각교과서—열린교실' 시리즈가 새로운 말, 새로운 삶이 태어나는 언어의 대장간, 삶의 대장간이 되었으면 합니다. 무엇보다 배움이 일어나는 장소, 학교 너머의 학교, 열려 있는 교실이 되었으면 합니다. 우리 모두가 아이가 되어 다시 발음하고 다시 뜻을 새겼으면 합니다. 서로에게 선생이 되고 서로에게 제자가 되어서 말이지요.

고병권

차례

질문열차를 타기 전에

글을 쓸 때 (혹은 말을 할 때) 어떤 문장부호를 '즐겨' 쓰는지 한번 생각해 보자. 문장이란 게 결국 마침표로 끝나고, 중간중간에 가끔 쉼표가 들어가게 마련이니, 보통은 그 두 가지가 아닐까? 그럴 법한 짐작이다. 하지만 내가 물었던 건 '자주' 쓰느냐가 아니라 '즐겨' 쓰느냐다. 즐기기 때문에 자주 쓸 수야 있겠지만, 자주 쓴다고 해도 딱히 그게 즐거워서는 아닐 수 있다. 그 문장부호를 사용할 때 즐거운 마음이 드는지, 그래서 사용하기 좋아하는지를 물었다.

내 경우에는 물음표와 작은따옴표를 즐겨 쓴다. 작은따옴표는 단어나 표현을 강조하기 위해 쓴다. 글과 말에 쓰는 수많은 단어 가운데 적어도 그것만큼은 눈에 띄거나 귀에 걸리게 하고 싶어서다. 또 내 글을 오해하거나 헷갈리지 않게 하려는 의도도 있다. 우리는 의외로 생각 없이 이야기하고, 별 신경 쓰지 않은 채 남의 글을 읽거나 말을 듣곤 한다. 그러다 보니 작은따옴표를 써서 혹은 또박또박 강조하며, 내 글과 말을 남들에게 힘주어 전달하는 버릇이 생겼다.

작은따옴표만큼 자주는 아니지만, 즐겨 쓰는 또 다른 문장부호는 물음표다. 나는 질문으로 시작해서 질문으로 끝나는 글을 쓰는 경우가 많다. 맨 처음 던지는 질문은 내가 전하려는 이야기의 핵심 주제를 꺼내 독자나 청자의 이목을 집중시키기 위해서 사용한다. 맨 나중에 붙이는 질문은 그 글을 통해 우리가 알게 된 것으로 이제 각자 어떤 탐구를 시작해야 하는지 알리기 위함이다. 예를 들어, 내 강의는 '~란 무엇인가?'에서 시작해서 '~를 하기 위해서는 무엇이 더 필요한가?'로 끝나곤 한다. 물론 그 중간에도 여러 질문이 더해진다. 처음과 끝이라고 했지만 실은 온통 물음표투성이인 셈.

누군가 이렇게 물을 법하다. "아니, 강의는 지식을 알려 주는 일인데, 답이 아니라 질문만 가득하다면 대체 뭘 가르쳐 줄 수 있습니까?" 아주 좋은 질문이다. 물음표로만 가득한 말이나 글로 지식을 전달하긴 어려울 테다.

그러니 대개는 질문-생각-(독자·청자의) 대답-(그에 대한 나의) 대답-(다시 나의) 질문 형식으로 이어진다. 질문을 던지고, 생각을 해 보게 하고, 그 결과를 듣는다. 만약 생각이 잘 안 난다고 하면 좀 더 생각해 보게 도와주고, 자기 나름의 생각으로 채워 나온 대답이 내가 알려 주려는 답과 얼마나 일치하는지 비교하도록 한다. 그리고 다시 그에 연관된 질문을 던진다.

자신만의 생각 없이 주어진 남의 지식은 머리에 남지 않는다. 내 질문은 그 '생각의 자리를 마련해 주기 위한 준비 작업'이고 일종의 '두뇌 워밍업'이다. 맨바닥에 물을 부으면 그 물은 그냥 엎질러진 물일 뿐이다. 잔이 준비돼야 물을 부을 수 있다. 그 잔에 이미 무언가

12

채워져 있다면 일부를 덜어 내거나 잔의 크기를 키워야 새로운 물이 더해질 자리가 생긴다. **질문은 새로운 지식을 담는 그릇이다.**

그렇다면 질문은 어떻게 우리 두뇌를 준비시켜 새로운 지식을 담는 그릇이 되게 해 줄까?

예를 들어 "인간은 사회적 동물이야."라고 무작정 지식을 전해 주기보다, "인간도 동물일까? 만약 동물이라면 다른 동물과 구별되는 특징은 무얼까?"라고 질문을 먼저 던지면 더 효과적이다. 동물과 인간은 다른 존재라는 막연한 생각에서 한 걸음 더 나아가 인간과 동물의 공통점과 차이점이 무엇인지 새롭게 생각해 보도록 유도할 수 있다.

또, 이 질문에 대해 좀 더 잘 답하려면, "동물의 특성은 뭘까?"라는 질문을 연이어 던지고 답을 생각해 보는 과정을 거치는 게 좋다. 동물은 자기 의지에 따라 몸을 움직일 수 있는 생명체다. 인간도 동물이다. 하지만 인간이 '인간'인 이상 다른 동물들과는 구별되는 또 다른 특성이 있을 테다. 그건 뭘까? 언어를 사용해서 소통하고, 도구를 사용해서 자연의 한계를 극복하는 능력 등등을 생각해 볼 수 있다.

그런데 이런 특성은 인간이 '혼자서' 사는 동물이 아니며, 함께 만든 무언가에 의존함으로써 더 효과적으로 생활해 나간다는 점을 가리킨다. 혼자서 살아가는 동물도 있고 무리 지어 살아가는 동물도 있다. 하지만 단순히 무리를 지어 산다고 해서 인간 수준의 언어, 도

구, 문명이 가능할까? 아닐 것이다. 인간이란 동물의 무리 지음에는 무리 지어 사는 다른 동물과는 다른 차원의 특성이 있을 것이다. 우리는 그것을 '사회'라고 부른다. 사회는 단순한 군집이 아니라 긴밀한 소통과 협력, 그리고 갈등을 통해 형성된 관습을 지식의 형태로 후대에 물려주는 일종의 관계망이다. '인간은 사회적 동물'이라고 말하는 건 그런 이유에서다.

이렇게 **질문-생각-대답-질문으로 이어지는 과정을 거치면 무작정 지식을 쏟아붓는 것보다 훨씬 더 효과적으로 지식을 습득할 수 있다.** 어쩌면 우리 사회의 '역사'는 선대 사람들이 남겨 준 해답으로서의 지식이 후대에 전수됨으로써뿐 아니라 선대가 미처 풀지 못한 질문에 후대가 대답하며 이어져 오고 있는 건지도 모른다. 이것은 마치 꼬리에 꼬리를 물고 함께 움직이는 기차와도 같다.

그래서 여러분을 내가 운행하는 질문열차에 초대했다. '물음'에 대한 지식을 쌓고, 더 좋은 질문을 통해 더 좋은 답을 얻고 싶다면 이 질문열차를 타고 미지의 세계를 향한 길을 떠나 보자. 다행히 이 질문열차는 '질문궤도'라는 잘 닦인 길을 따라 달릴 예정이다. 우리는 지금 질문열차가 정차해 있는 역의 플랫폼 안으로 들어섰다.

질문열차의 출발역:
묻는다는 건 왜 중요한가?

앎은 '구별', 즉 기존과는 다른 것 혹은 새로운 것을 알아차리는 데에서 출발한다. 질문은 그와 같은 구별을 시작하게 해 준다. 그런 의미에서 질문은 물과 하늘을 가르는 수평선이나 하늘과 땅을 구분하는 지평선 같은 역할을 한다. 수평선 위쪽에 주목하면 하늘에 대해 알기 시작하는 것이고, 아래쪽에 눈을 맞추면 바다에 대한 앎을 시작하는 것이다. 지평선 없이 하늘과 땅이 뒤섞인 상태에서는 말 그대로 '천지 분간 못 하는', 즉 제대로 알지도 못한 채 일을 망치는 상황에 이른다.

덤벙대면서 급하게 허둥지둥 날뛰는 모양을 다소 예스러운 말로 '천방지방' 혹은 '천방지축'이라고 한다. 여기서 천(天)은 하늘, 사각형을 의미하는 방(方)은 동서남북의 방위, 지(地)는 땅, 축(軸)은 하늘과 땅을 잇는 가상의 수직선을 가리킨다. 결국 '천방지축' 날뛴다는 건 위/아래, 하늘/땅, 왼쪽/오른쪽, 동/서/남/북을 구별하지 못한다는 뜻이다. 그런 구별도 없이, 즉 그런 앎도 없이 날뛴다면 그 얼마나 끔찍한 일인가. 나도 다치고 남도 다치는 일이 벌어질 수밖에 없다. 무지한 실천은 득이 아니라 독이다.

비행기 조종사들 사이에 전해져 오는 섬뜩한 체험담이 있다. 빠르게 하늘을 날면서 이리저리 방향을 바꾸다 보면 비행기의 몸체가 뒤집힌 채로 비행하는 경우가 있다. 그런데 그 사실을 눈치채지 못한 채 비행기의 몸체를 올리려다 거꾸로 땅에 곤두박질치는 사고를 겪기도 한다는 것이다. 그래서 비행기 조종사는 어디가 하늘이고 어디가 땅인지, 나는 지금 동서남북 어느 쪽을 향해 가고 있는지, 끊임없는 질문을 던져야 한다.

그 질문에 대한 답을 단지 내 눈과 감으로만 찾아서는 안 된다. 조종석 앞 계기판에 있는, 땅에서의 높이를 가리키는 고도계, 동서남북 방향을 알려 주는 나침반, 얼마나 빨리 움직이는가를 표시하는 속도계를 확인해야 한다. 같이 무리 지어 비행하는 다른 조종사들, 또 무엇보다 땅에서 그 비행을 관찰하는 관제탑과 계속 교신해야 한다.

수평선이나 지평선은 실제로 존재하는 선이 아니다. 그런데도 우리 눈에는 그 선이 먼저 들어오고, 그런 다음에 그 선의 위와 아래에 각각 위치한 것을 '구별 지어' 알아볼 수 있다. 못 믿겠다면 현재 위치에서 앞으로 혹은 뒤로 나아가거나 물러나 보라. 그때마다 늘 새로운 수평선과 지평선이 나타나 위와 아래를 갈라 줄 터이니.

이 선은 서로 다른 물질인 물·땅과 하늘을 구별해 주기는 하지만, 실제로 그어진 선은 아니다. 그렇게 인식하는 건 우리 눈과 두뇌의 작용이다. 바로 이 능력 덕분에 '무언가를 알아보는' 게 가능해진다.

묻는다는 건, 우리 눈과 같은 감각기관과 두뇌가 실제로는 존재하지 않는 어떤 선을 그은 다음, 그 선이 가르는 무언가에 관심을 두도록 하는 일과 같다. 수평선과 지평선이 실제의 선이 아니고 각각의 물, 땅, 하늘도 아닌 것처럼, 질문 그 자체는 지식이 아니다. 하지만 그 수평선과 지평선이 없이는 물, 땅, 하늘을 구별할 수 없듯, 질문이 없이는 제대로 된 지식을 얻지 못한다.

물음을 거치지 않은 앎은 없다

그렇다면 지식이란 뭘까? 일단 그것보다 더 기초적인 단위인 '정보'에서 시작해 보자. 우리는 혼자 살지 않고 나와는 다른 존재들과의 관계 속에서 살아간다. 조금 더 정확히 말하면 우리를 둘러싼 환경과 끊임없이 무언가를 주고받으며 살아간다. 이런 교류와 공존을 위해 필수적인 것 가운데 하나가 '정보'다.

　왼쪽 혹은 오른쪽, 하늘과 땅, 하늘의 구름, 땅의 물과 흙. 이들을 구별하고 알아보는 일이 곧 정보를 얻는 과정이고, 그런 감각 정보가 체계적으로 연결되어 '지식(知識)'이 만들어진다. 지(知)와 식(識)은 모두 앎이라는 뜻을 지닌다. **사물과 대상을 알아보는 감각적 수준의 앎[知]을 정보라고 한다. 여기에 이성적 앎[識]이 더해져야 지식[知識]이 완성된다. 이성은 감각만으로는 알 수 없는 원리를 발견**

하고 이해하는 능력이다. 배경지식을 가진 사람은 그렇지 못한 사람보다 더 빨리 새로운 정보를 알아볼 수 있다.

예컨대 물은 액체의 일종이고 하늘은 기체로 구성되어 있다는 지식은 물을 물이라 느끼고 하늘을 하늘이라 인식하는 감각 정보와는 다르다. 경험의 형태로 감각된 정보는 추론이라는 이성의 필터를 거쳐 지식으로 성장한다. 이런 정보와 지식 덕분에 우리는 환경에 더 잘 적응하고, 다른 이들과 더 조화롭게 살아갈 수 있다. 여기에 선과 악, 옳고 그름을 판단하는 현명한 능력으로서의 슬기로움, 즉 '지혜(智慧)'까지 더해지면 우리의 앎은 다양함과 품격을 지니게 된다.

지식의 기초를 이루는 감각 정보부터 질문을 통해 얻어진다. 어? 하늘, 땅, 물, 왼쪽, 오른쪽 등과 같은 기초적인 정보는 질문하지 않아도 그냥 보면 알 수 있지 않나? 아니다. 물음을 거치지 않는 앎은 없다. 다만 의식적인 질문이 아닌 자동적이고 무의식적인 질문'도' 있을 뿐이다.

딱히 정식으로 물어보지 않아도 질문은 자연스레 이뤄질 수 있다. 우리 눈에 무언가가 띄고, 우리 귀에 무슨 소리가 걸리고, 우리 코에 어떤 냄새가 맡아질 때, 우리는 '어? 이건 뭐지?'라고 무의식적인 질문을 던진다. 요컨대 우리는 늘 '본능적으로' 묻는다. 그냥 지나칠 수도 있을 '미지의 것'에 관심을 두고, 초점을 맞추고, 감각을 집중하는 단계에서 나타나는 현상이다.

이런 무의식적 질문이 발동되지 않으면, 우리 감각은 '엄연히 있음에도 마치 없는 것처럼' 취급한다. 즉 감각의 대상이 아니라 무시(無視: 보지 않음)의 대상, 그리고 앎의 대상이 아니라 무지(無知: 알지 못함)의 대상이 되는 셈이다. 의미 없는 무언가로, 그냥 '있어도 없는 것처럼' 혹은 '있어도 알지 못한 채' 흘려 버린다. 재밌게도 지식을 뜻하는 영어 단어 knowledge의 반대말인 ignorance에는 무지와 무시라는 뜻이 같이 들어 있다. 이렇듯 앎의 반대편에는 모름과 더불어 '무관심'이 자리한다.

주목할 것과 무시할 것 사이에 선을 그어 주는 질문

지금 잠시 책 읽기를 멈추고 가만히 눈을 감아 볼까? 그리고 주변에 무슨 소리가 들리는지 귀를 기울여 보자. 책을 읽는 동안 말 그대로 '무신경'하게(마치 그걸 느끼는 신경이 없는 것처럼) 지나쳤던 많은 소리가 들리기 시작할 게다.

"우우웅" 하는 건 뭘까? 창밖에서 전기자동차가 지나가는 소리인가 보다. 응? 조그맣게 "휘이이" 하는 소리가 들리네? 바람인가? 그러고 보니 뭔가 "후두두" 창을 두드리고 있어! 비가 오고 있었구나.

이제 눈을 뜨고 책으로 시선을 돌리자. 책에 적힌 글자와 그 주변을 살펴보길. 우리가 글자를 '읽는다'는 건 어떤 과정을 거쳐 이뤄질까? 만약 글자와 글자 사이에 여백이 없었다면 이 글자들이 잘 보였을까? 아마도 그동안 우리는 글자를 이루는 어두운 선만 보고, 그 선을 눈에 띄게 만드는 밝은 배경은 신경 쓰지 않았을 게다.

배경에 주목하면 더 많은 것이 비로소 보이기 시작한다. 그저 평평하게만 보였던 종이의 미세하게 울퉁불퉁한 질감. 그저 무채색이거나 한 가지 색으로 여겨졌던 배경에 어룽진 미묘하게 서로 다른 색과 명암. 그러고 보니 궁금해진다. 왜 책은 거의 항상 밝은 배경에 어두운 글자를 쓸까? 어두운 배경에 밝은 글자를 쓰면 안 될까?

이렇게 무의식적으로, 그리고 의식적으로 던지는 질문은 우리를 둘러싼 세상에 대한 정보와 지식으로 나아가는 필수적인 관문이다. **우리의 감각기관은 '답을 알려 주는 기능' 이전에 '질문을 던지는 기능'을 한다.** 구체적으로 말하면 감각기관은 일단 '무정형'의 자극, 즉 무엇이라고 확정되지 않은 정보를 전달하고, 우리의 두뇌가 그 자극 가운데 특정한 것을 골라내어 '정형의(구체적인 형태와 의미를 갖춘)' 정보로 바꾼다.

이런 최초의 질문과 대답을 통해 우리 감각기관과 두뇌는, 마치 수평선과 지평선을 인식하여 물, 땅, 하늘을 구별하듯, 관심의 대상과 무시의 대상을 가르는, 즉 앎의 대상인 것과 그렇지 않은 것 사이에 '선을 긋는' 역할을 한다.

'이 느낌은 뭐지?'라고 스스로에게 물었던 우리 두뇌는 다시 감각기관에 이렇게 질문한다. '지금 네가 알려 준 그것이 구체적으로 뭔지 더 자세히 말해 줄래?' 그러면 감각기관이 더 활발히 움직여서 더 초점을 맞춰 더 많은 자극을 전달한다. 감각기관 나름대로 우리 두뇌가 던지는 질문에 답을 하는 셈인데, 그 자체로 정답이거나 확정된 정보는 아니다. 그것에 모양과 의미를 부여하는 것, 즉 무정형의 자극을 정형의 정보로 바꾸는 건 다시 우리 두뇌의 몫이다.

우리의 이 기특한 머리는 꼭꼭 담아 놓았던 옛 정보를 끄집어내어 새 자극과 비교함으로써, 새 자극이 이미 경험해 본 것인지 아니면 전혀 새로운 것인지를 판단한다. 그로써 우리가 이미 알고 있거나 그에 가까운 정보인지, 혹은 새로 추가해야 하거나 더 알아낼 필요가 있는 정보인지를 결정한다.

더 체계적인 앎을 위한 질문

내 감각기관과 두뇌 사이에서 오고 가는 질문과 대답만으로 정보가 얻어지고 지식이 만들어진다면 얼마나 좋을까? 하지만 대개 자기만의 고립된 경험은 풍부하고 깊은 지식을 얻는 데까지 나아가지는 못하거나, 너무 많은 시간과 노력을 들여서야 그곳에 다다를 수 있다.

이 고약한 냄새는 뭐지? 그릇에 담긴 불고기에서 나는 것 같은데? 응, 맞네. 어제까지만 해도 맛있게 먹었는데, 왜 갑자기 쳐다보기도 싫을 정도로 악취를 풍길까? 그냥 먹어도 될까? 스스로 이런 질문과 대답을 해 나가는 것은 자연스럽고 또 필요한 일이다. 하지만 그렇다고 해서 굳이 그걸 먹어 결국 배탈이 난 다음, '악취가 나는 음식은 건강에 해롭다'는 지식, 그것도 경험에만 근거를 둔 단순 지식을 얻을 필요는 없을 것이다.

이럴 때는 **경험과 지식이 더 많은 이에게 질문을 하는 게 현명한 일**이다. "왜 이렇게 고약한 냄새가 나죠? 왜 구역질이 나죠?"라고. 그러면 그는 이렇게 알려 줄 것이다. 첫째, 음식은 시간이 지나면 썩고, 둘째, 나쁜 냄새는 그 음식이 먹지 못할 정도로 위험한 상태임을 알려 주는 징표이며, 셋째, 그걸 먹을 경우 식중독에 걸릴 수 있는데, 넷째, 우리 몸은 신기하게도 그런 위험성을 '구역질'이라는 본능적인 반응을 통해 경고한다고. 우리는 이렇게 다른 이에게 질문함으로써 어떤 일을 굳이 경험하지 않더라도 앎에 다다를 수 있고, 그 앎을 통해 불필요한 위험을 방지할 수 있다.

만약 여러분이 '질문하는 습관'을 평소에 잘 닦아 두었다면, 방향을 바꾸어 다른 질문을 던질 수도 있다. "모든 악취를 풍기는 음식은 그게 썩었다는, 따라서 먹으면 안 된다는 뜻일까요?"라고. 이런 질문을 통해, 불쾌한 냄새가 부패한 음식의 표시일 수도 있지만 발효된 음식의 특징일 수도 있음을 알게 된다.

썩은 배추를 먹으면 배탈이 나지만, 발효된 배추를 먹으면 몸에도 좋고 맛도 훌륭하다는 사실을 알고 나면, 우리의 맛과 건강의 세계는 전보다 얼마나 더 넓고 깊어지겠는가? 물론 김치를 몰라도 충분히 맛을 즐기고 건강에 좋은 식생활을 할 수 있다. 하지만 부패한 음식과 발효된 음식의 차이를 알고 필요에 따라 적절히 활용하는 삶이 그런 지식을 갖지 못한 삶에 비해 훨씬 더 풍요로울 테다.

좋은 질문이란?

이렇게 연속되는 질문과 대답 그리고 판단을 거치며, 서로 다른 정보가 모이고 연결되어 지식이 만들어진다. 질문이 정확해야 답이 구체적이다. 그리고 질문-대답에 이어 새로운 질문이 나와야 더 깊은 지식을 얻을 수 있는 대답이 뒤따른다.

모르기 때문에 질문을 하지만, 알아야 좋은 질문을 할 수 있다. 엥? 이건 또 무슨 말인가? 몰라서 질문하는데, 알아야 좋은 질문을 할 수 있다면 앞뒤가 안 맞게 느껴지거나 좀 억울하지 않은가? 더 정확히 말하자면 자기가 '무얼 모르는지를 알아야', 그리고 관련 지식이 많을수록 훌륭한 질문을 던질 수 있다는 뜻이다. 여전히 '이게 대체 무슨 말인가?' 싶을 텐데, 자세한 설명은 뒤로 미루고, 여기서는 여러분의 호기심만 일단 자극할 생각이다. 모른다는 건 뭐고, 안다는 건 뭘까? 무얼 모르는지를 안다는 게 뭘까?

중요한 건 '모든 질문'이 다 '동일한 가치'를 갖고 '동일한 대답'을 얻게 해 주지는 않는다는 점이다. 모든 질문이 다 값어치가 있다. 하지만 어떤 질문은 다른 질문보다 값어치가 더 크다. 이런 비유를 해 볼까? 앞에서도 잠시 얘기했다시피, 앎이란 익숙한 A 지점에서 낯선 B 지점으로 이동하는 것과 같다. 그런데 B에 이르는 길은 한 가지가 아니다. '가장 빠른' 길이 있고, '가장 안전한' 길, 혹은 '가장 힘이 덜 드는 길'도 있을 수 있다. 많이 안다는 건 머릿속에 일종의 '지도'를 갖고 있다는 뜻이다. 더 많이 아는 사람은 더 적게 아는 사람에게 B로 가는 여러 방법을 알려 줄 수 있다.

여기서 여러분이 구체적인 질문을 던지면 그 '여러 방법' 가운데 가장 '필요한 방법'을 알려 주기에 좋다. 나아가 '한 가지 방법'만 있지 않고 필요에 따라 '다른 방법'도 있음을 말해 줄 수 있다.

좋은 질문이란 무엇보다 구체적인 질문이고, 길이 잡힌 질문이고, 무한히 펼쳐 놓기보다 차츰 길을 좁혀 주는 질문이다. 물론 전혀 새로운 길을 생각하게 하는 질문도 좋은 질문이다. 좋은 지식으로 가는 좋은 질문은 그냥 막무가내로 궁금해하는 것과는 다르다. 선생님들이 "좋은 질문이야!"라고 말씀하시는 건, 일단은 기특하고 반가워서다. 자신이 가르쳐 주고 이해시키고자 하는 지식으로 더 나아갈 좋은 길을 선택한 것을 칭찬하고 고마워하는 표시인 셈. 물론 내심 답하기 어려운 질문이어서 생각할 시간을 좀 벌어야 하겠다는 뜻인 경우도 있지만 말이다.

자, 그럼 지금까지의 이야기를 한번 정리해 볼까? 물음표는 지식으로 가는 출발점이자 길이다. 따라서 물음표에는 어마어마한 가치가 있다. 그런데 모든 질문이 다 값어치가 있다고 해도 그 가치가 모두 동일하지는 않다. 그 가치를 어떻게 나눌 수 있을까? 좋은 질문을 하려면 무엇이 필요할까? 이런 '물음에 대한 지식'으로 가는 기차에 오른 여러분을 환영한다.

꼬리칸:
묻는다는 것은 무엇인가?

여러분은 '물음에 대한 지식'으로 가는 기차에 올랐다. 이것을 질문열차라고 부르자. 본래 우리말 **기차**는 '**증기**로 움직이는 차'를 뜻한다. 기차의 첫 모습이 증기기관차였음을 보여 주는 언어의 흔적이다. 기차의 다른 말이 열차다. **열차**는 여러 객차(=사람이 타는 차)나 화차(=화물을 싣는 차)가 줄지어, 즉 **열**을 지어 함께 움직이는 것을 가리킨다.

대개의 열차는 엔진을 달고 있는 '기관차'가 맨 앞에서 나머지 '객차' 등을 끌고 가는 방식으로 움직인다. 물음에 대한 지식으로 가는 기차를 질문열차라고 부르는 건 객차마다 서로 다른 질문을 싣고 있기 때문이다. '묻는다는 것'에 대해 알려면 꼬리에 꼬리를 잇는 질문들과 함께 움직여야 한다.

설국열차와 질문열차

「기생충」으로 미국 영화 아카데미 작품상을 탄 봉준호 감독의 「설국열차」를 떠올려 보자. 영화에 등장하는 '설국열차'에는 인간의 부주의로 닥친 빙하기를 피해 생존한 마지막 인류가 모여 있다. 이 열차는 출발역도 종착역도 없이 세계 각 대륙을 이은 거대한 원형의 기찻길을 따라 움직이는데, 연결된 수많은 객차가 같이 달린다. 각각의 객차는 철저히 분리돼 있고, 열쇠가 있는 사람만 객차 사이를 건너다닐 수 있다. 객차마다 전체의 생존에 기여하는 바가 있고, 달리는 열차에 함께 몸을 싣고 있다는 점에서는 공동 운명체다.

그러나 삶은 객차마다 매우 다르다. 맨 뒤쪽 꼬리칸에 탄 사람들은 추운 객차에서 떼로 모여 잠을 자야 하고 배고픔에 시달리며 몸을 움직여 일하지 않으면 안 된다. 그런데 앞쪽 칸의 어떤 이들은 온화한 봄 날씨 같은 객차에서 맛있는 음식을 즐기고 매일 밤 파티를 연다.

하지만 이들은 서로 만나지 않기 때문에 서로의 삶에 대해 거의 알지 못한다. 꼬리칸에서 중간의 여러 객차를 거쳐 맨 앞의 머리칸에 이르기까지 엄청나게 길게 이어진 열차 전부의 사정을 아는 사람은 열쇠가 있는 극소수에 불과하다.

여러분이 탄 이곳은 질문열차의 꼬리칸이다. 창문도 없이 어두컴컴해서 어리둥절하고 답답할 것이다. 그래도 일단은 안심해도 좋다. 살짝 귀띔하자면 같은 선로를 돌고 또 도는 설국열차와는 달리 이 질문열차는 중간에 멈출 수도 있고 당연히 종착역도 있다. 또, 여러분이 하기에 따라 꼬리칸을 벗어나 차츰차츰 머리칸을 향해 갈 수 있다. 하지만 만약 여러분이 다른 칸에 대해 궁금해하지 않는다면 영원히 이 자리를 벗어날 수 없다. 종착역이 어디인지 묻지 않으면 목적지에 도달하지 못할 수도 있다.

이 질문열차의 다른 객차로 건너가려면 설국열차에서처럼 열쇠가 있어야 한다. 각각의 객차는 '묻는다는 것'에 대한 서로 다른 질문을 싣고 간다. 그 질문에 대한 해답은 다른 객차로 가는 문을 열어 줄 열쇠가 된다.

첫 번째 열쇠는 가장 기초적인 질문, 즉 '묻는다는 행위가 대체 무얼 의미하는지'에 대한 질문을 풀어야 얻을 수 있다.

이 질문은 설국열차와 질문열차의 관점에서 보자면 모두 꼬리칸 자체에 대한 질문이기도 하다. 여긴 어디지? 나는 지금 어디에 있는 거지? 주어진 현실을 그대로 받아들이고 그곳이 세상의 전부라고 여긴다면, 즉 '지금 여기'에 대한 질문을 던지지 않는다면, 영영 이곳에 머무를 뿐이다. '지금'은 시간에 대한 물음이고, '여기'는 공간에 대한 물음이다. '지금'에 대한 질문은 현재가 아닌 것, 즉 과거와 미래에 대한 물음으로 이어진다. 그리고 '여기'에 대한 질문은 이곳이 아닌 저곳 혹은 그 어느 곳(의 존재)에 대한 물음을 낳는다.

내가 던져야 할 가장 근원적인 질문은, 내가 '바로 지금' 하필 '바로 여기'에 있다는 건 대체 무얼 의미할까이다. 나는 과거에는 현재의 이곳이 아닌 어떤 곳에 있었으며, 어떻게 해서 이곳에 왔을까? 또 미래에는 현재의 이곳과는 다른 어떤 곳으로 옮겨 갈까, 아니 움직여 가야 할까? 이런 질문은 너무 당연해 보이면서도 너무 막연하게 느껴질 수 있다.

그럴 만하다. 이런 질문은 '너무나 근본적인' 질문이다. 실제로 모든 앎의 근원을 따지는 철학은 이와 같은 물음에 대한 답을 찾는 과정이다. 그래서 이 질문은 매우 철학적이다. 그만큼 어렵다. 어떤 면에서는 꼬리칸에 대한 질문일 뿐 아니라 이 질문열차 전반과 이 세계 전체에 대한 질문이기도 하다. 그래서 여기서는 일단 이 꼬리칸에만 해당하는 질문으로 다시 좁혀 보자.

꼬리칸이 던지는 **최초의 질문은 '질문에 대한 질문'에서 시작한다. 출발역에서 짧게 던지고 대충 답을 해 두었던 질문이다. 대체 '묻는다는 건' 뭘까? 그건 왜 가치 있는 것일까?** 이에 대한 답을 찾기 위해서는 '묻는다'는 말 자체를 먼저 탐색해야 한다.

덮지 않고 들춰내어 앞으로 나아가기

우리말 '묻다'에는 여러 가지 뜻이 있다. '때가 묻다'처럼 어떤 표면에 다른 무언가가 달라붙는 일. '땅에 묻다'처럼 무언가를 덮어서 드러나지 않게 하는 일. '길을 묻다'처럼 궁금한 것에 대한 답을 얻기 위해 질문을 던지는 일. 우리가 함께 살펴보려는 건 이 중 가장 마지막에 해당하는 '물음' 즉 '질문'이다. 요컨대 우리가 함께 생각해 볼

'묻는다는 것'은 질문한다는 것이다. 묻는다는 건 상대방에게 혹은 나 자신에게 어떤 '물음표'를 단 문장을 글로든 말로든 던진다는 것이다.

물음이라는 행위의 특별함에 대해 생각해 보기 위해, 서로 다른 뜻을 지닌 '묻다'를 한 문장 안에 몰아 써 보자.

아끼는 인형에 때가 '묻었다는' 이유로 쓰레기 더미 속에 그걸 '묻어 버린' 친구에게 우리는 이렇게 '물어볼' 필요가 있다. "너는 그 인형을 정말 아꼈던 거야?"라고.

뜻이 서로 다른 이 세 가지 종류의 '묻다' 가운데, 흥미롭게도 우리가 초점을 맞출 '질문하기'에 해당하는 '묻다'만 유독 말하는 상황에 따라 모양이 바뀌고 있음을 알아챘는지? 우리말 동사·형용사는 어미가 바뀔 때 기본형의 모습이 유지되지 않는 경우가 있다. 귀를 기울인다는 뜻의 '듣다' 역시 '듣어 보자'라고 하지 않고 '들어 보자'라고 하며 명사형은 '듣음'이 아닌 '들음'이다. 이걸 조금 어려운 말로 'ㄷ불규칙활용'이라고 부른다.

발음하기 쉬운 말일수록 더 자주, 더 많이 사용되어 더 널리 퍼진다. **또 더 많이, 더 자주 사용될수록 더 발음하기 쉬운 방향으로 변화한다.** 예를 들어 글자 표기가 같은 '걷다'라고 하더라도 어떤 것은 '걷음(=펼쳐 놓았던 것을 다시 거두어들임)'으로 남아 있지만 다른 것은 '걸음(=발을 움직여 나아감)'으로 변화했다. '걷음'과 '걸음' 중에 사람들이 더 많이 하고 그만큼 더 친숙한 행위가 뭘까? 당연히 '걸음'이다. 빨래를 '걷'거나 돈을 '걷는' 건, '걸음'을 걷는 것에 비해 덜 자주 하는 일이고 대개는 덜 즐거운 경험이다.

마찬가지로 묻다의 명사형인 '물음'은 다른 묻다의 명사형인 '묻음'들보다 사람들이 더 자주, 더 많이 하는 일이고, 그만큼 더 빈번하게 더 즐겨 쓰는 말이다. **질문한다는 건 '묻음'이 아니라 '물음'이다. 무시하고 덮어 버리는 게 아니라 오히려 질문을 던져 들춰내는 일이다. 바로 여기에 '묻는다는 것'의 특별함이 있다.** 우리는 생각보다 훨씬 자주, 의식적으로든 무의식적으로든 의문을 품고 물음을 던진다.

따라서 '묻는다는 것'은 우리 인간의 가장 본원적이고 기초적인 행위이며, 가장 가치 있고 또 그만큼 즐거울 수 있는 일 가운데 하나다. 묻는다는 건 이미 주어진 것이 전부라고 여기지 않고, 아직 주어지지 못한 것들을 짐작하고, 상상하고, 궁금해하고, 알고 싶어 하고, 갖고 싶어 하는 일이다. 다시 말해 '묻는다는 것'은 최초의 우리로부터 한 걸음 더 나아가는 일이다. 즉 땅 밑에 묻혀 있지 않고 땅 위로 올라와 두 발로 디디고 서서 멀리 바라보고 그곳을 향해 움직여 가는 일이다. 이런 움직임은 동물인 우리를 움직이게 해 주는 '욕망'의 일종인 호기심에서 나온다. 그런데 이 욕망은 '물질적인 소유욕'이 아닌 '정신적인 소유욕'이다. 앎은 우리 마음에 이미 주어진 '헌 것'과는 다른, 아직 주어지지 않은 '새것'을 발견하여 마침내 '내 것'으로 만드는 일이다.

정신적 소유욕인 호기심에서 시작하여 마침내 정신적 소유 상태인 앎에 이르는 과정, 그 중간을 연결하는 것이 바로 질문이다. 호기심이 있어도 구체적인 행동으로 옮기는 질문이 없다면 지식을 얻는 건 불가능하다. 물건을 갖고 싶은 마음이 있어도 실제로 그 물건을 찾아 나서는 '행동'이 없으면 결국 물건을 가질 수 없듯이. 그래서 '묻는다는 것'은 정신적 소유욕을 실제의 앎으로 연결하는, 대단히 결정적인 (마음의, 그리고 몸의) 움직임이고, 행위이고, 실천이다.

그래서 **묻는다는 것은 내가 아닌 다른 존재들과 연결되는 생각과 행동의 다리를 놓는 일이기도 하다.** 자신에게 던지는 질문은 '나이지만 동시에 내가 아니기도 한 존재'와 대화를 시작하는 일이며, 그 결과로 기존의 나와 다른 내가 된다. 또, 나는 나와 다른 사람, 다른 사물과 대화하기 위해 그리하여 앎과 이해를 얻기 위해 그들에 관해 묻는다. 이렇게 질문은 자신과의 그리고 남과의 대화를 더 맛깔나고 역동적이며 다채롭게 만들어 주는 소금 같은 것이다.

'이렇다'와 '저렇다'로 연결되는 자기와의 대화, 또 '이랬어'와 '저랬어'로 연결되는 남들과의 대화, 즉 주로 마침표로 연결되는 대화도 있다. 하지만 이른바 '액션과 리액션', 즉 감성이 풍부하게 담긴 반응이 오고 가는 연쇄적 교감의 대화, 요컨대 느낌표로 연결되는 대화가 훨씬 더 생생하고 즐겁다. 그보다 더 박진감 있고 재미도 있으면서, 새로운 것을 알아 가며 지식과 공감도 깊어지는 대화가 있으니, 바로 물음표로 연결되는 대화다.

어긋난 구석을 느끼는 것

물음은 잘 연결되는 대화의 필수 요소이다. 이즈음에서 앞의 설정으로 돌아가 보자. 나와 친구는 대화를 나누고 있었다. 친구는 인형을 좋아한다고 했다. 그런데 평소에 아끼던 인형에 때가 묻어서 속상했고, 그래서 쓰레기 더미 속에 묻어 버렸다고 한다. 이런 친구의 말을 듣고 나서 나는 어떤 반응을 보이게 될까?

친구의 말이 그다지 특이하게 느껴지지 않을 수도 있고, 그래서 인형을 버린 이유가 궁금하지 않을 수도 있다. 또는 궁금해도 차마 물어보기 어색해서 그냥 무시하고 넘어갈 수도 있다. 하지만 상대와 진지하게 대화를 하고 있다면, 좀 이상하다고 느낄 것이다. '아니, 자기가 아끼던 인형을 그렇게 쉽게 버릴 수가 있을까?'라고 말이다.

이런 호기심은 다양한 질문으로 표현될 수 있다. '아끼던 인형을 어찌 그렇게 쉽게 버릴 수 있어?'라며 불만스럽게 물어볼 만도 하

다.(물론 그렇다고 해서 그 친구의 팔뚝을 '물어' 버리는 건 금물이다!) 혹은, '나라면 그런 이유로 인형을 버리지는 않겠지만, 너는 그게 이유가 되나 봐?'라는 놀라움을 표시할 수도 있다. 또는 이 상황이 잘 이해되지 않으니 '실은 네가 그 인형을 정말 아꼈던 건 아니지 않을까?'라며 되물을 수도 있다.

이 중 무엇이 되었건 친구의 말에 대한 적절한 반응으로서 대화를 한층 더 진척할 수 있는 질문이 이어지는 건 좋은 일이다. 물론 "응, 그랬구나. 잘했어!"라면서 동감할 수도 있고, "근데 나는 말이야……."라며 화제를 바꿀 수도 있다. 하지만 더 자연스럽고, 더 정당하며, 결과에 따라서는 더 사려 깊은 대화는 친구의 말에 대한 당신의 호기심이 담긴 질문에서 시작된다. 친구의 말을 그냥 그런가 보다며 (무관심하게) 넘기거나 (의심 없이) 곧이곧대로만 받아들이지 않고, 친구의 말에서 어딘가 어긋난 구석이 있음을 '느끼는' 것이 무엇보다 중요하고, 이를 적절한 물음을 통해 짚어 줌으로써, 대화의 새로운 길이 열린다.

어딘가, 어긋나 있음을, 느끼는 것. 이를 조금 어려운 말로 '위화감'이라고 한다. 말 그대로 '조화로운 상태에서 벗어나 있는 느낌'이다. '빈부 격차로 인한 계층 간 위화감'과 같은 표현에서처럼, 남들과 비교할 때 느껴지는 열등감이나 소외감을 가리킬 때 자주 쓰이는 말이다. 그러나 이 단어는 반드시 어느 한쪽으로 기울어진 관계에서 발생하는 부정적인 감정만을 의미하지는 않는다. 전반적인 상태의 '어울림'을 보고, 그 안에서 어딘가 다르고 조화를 깨뜨리는 무언가가 있음을 발견하는 일, 그리고 그것을 '감지'해 내는 예민함이 핵심이다.

만화 「명탐정 코난」을 떠올려 보자. 낮에 만났던 사람이 누군가에 의해 살해당하자 코난은 사건 관계자로 경찰의 심문을 받는다. 그런데 경찰이 내민 현장 사진을 본 코난은 '위화감'을 느낀다. 칼에 베여 죽은 시신 뒤로 피가 흩뿌려져 있는데 특정 부분이 말끔한 수평선을 그리고 있었기 때문이다. 이에 '의문'을 품은 코난은 범인을 좁혀 가며 추적한다. 결국 그중 한 사람이 갖고 있는 족자가 살해 현장에 있었던 것임을 밝혀낸다. 시신 뒤의 벽에 남은 핏자국이 수평선으로 그려져 있었던 건 원래 그 벽에 걸려 있던 피 묻은 족자를 떼어 냈기 때문이었다.

묻는다는 건 이런 위화감, 즉 다름과 어긋남을 감지하는 것이며, 그렇게 된 이유를 찾는 일이다. 그렇다면 "아끼는 인형에 때가 묻어서 쓰레기 더미 속에 묻어 버렸다."라는 친구의 말에서 위화감을 만들어 내는 요소는 무얼까? 핵심은 '아끼는 마음'과 '버리는 행동' 사이의 어긋남이다. 아낀다는 건 소중히 한다는 것이고, 애착을 품는다는 뜻이다. 게다가 인형은 사람을 닮은 사물이다. 인간은 자신과 비슷한 것에 친근감을 느끼게 마련이다. 애착이 더 클 수밖에 없다.

그런데 그걸 버렸다고? 앞뒤가 맞지 않는다.

친구는 '때가 묻어서' 그랬다고 했다. 하지만 보통의 경우 묻은 때는 빨아서 없앨 수 있고, 완전히 깨끗해지지는 못하더라도 애착까지 사라질 것 같지는 않다. 그렇다면 남은 가능성은 두 가지다. 친구는 '아낀다'는 표현을 썼지만 사실 그렇게까지 아끼는 것은 아니었을 수도 있다. 또는 애초부터 무언가를 그리 소중하게 생각하는 성격이 아닐 수도 있다. 만약 뒤가 맞는다면 조금은 슬프고 무서운 일이다. 친구인 나 역시 아주 사소한 이유로 버려질지도 모르니까 말이다. 그나마 앞의 가능성에 무게를 두고 싶다. 그래서 이런 모든 호기심을 담아 묻는다. "너, 그 인형을 '정말로' 아꼈던 거야?"라고.

대화의 적절하거나 부적절한 연결

이 질문에 대한 친구의 대답으로, 내가 느꼈던 '어긋난 구석'에 대한 궁금증이 풀릴 수 있다. 실은 '그렇게까지 아끼는 건 아니었던' 인형이라고 답한다면 왠지 안심이 될 것 같다. '인형'이라고는 했지만 '사람 모양을 본뜬 것'이 아니라 공룡이나 풍뎅이 같은 것이었다면 미련이 덜 남을 법도 하다. 너무 심하게 오염이 된 나머지 미관상의 이유(=본능적으로 강한 거부감을 불러일으키는 모습)로나 위생상의 이유(=각종 질병을 옮기거나 자극할 가능성)로 그렇게 할 수밖에 없었다면, 그 또한 고개가 끄덕여지는 답일 게다.

친구의 이런 답은 내가 느꼈던 '어긋남'을 다시 이어 붙여서, 아직 남아 있을지도 모를 약간의 틈새에도 불구하고, 비교적 자연스럽고 조화로운 상태를 되찾을 수 있게 해 준다. 하지만 만약 친구의 대답에서 도무지 합당한 이유를 찾기 어렵다면, 그래서 도저히 위화감이 해결되지 않는다면, 그 친구는 보통의 인간은 아니거나 적어도 나와는 매우 '다른' 존재임을 알게 된다.

어느 쪽으로 결론 나건, 내가 친구에게 던진 "너, 그 인형을 '정말로' 아꼈던 거야?"라는 질문은 친구에 대해 더 많은 것을 알려 주는, 대화의 가장 적절한 연결점 혹은 전환점이 된다. 내 마음속에 자리 잡은 위화감을 그냥 묻어 두었다면 아마도 찜찜함이 남았을 게다. 그렇다고 내 의심을 너무 직접적으로 드러냈다면 대화가 껄끄러워질 수도 있었다. 그러니 이처럼 약간의 여지를 두는 질문이 적당했다.

물론 이보다 더 구체적으로, 하나하나 궁금한 것을 물어 가며 확인하는 것도 나쁘지 않다. "때가 묻었다는데, 대체 얼마나 심각했던 거야? 아끼던 인형을 버릴 정도였어?"라든가, "무슨 인형이었는데? 바비 인형? 곰 인형?" 같은 질문은 다양한 가능성을 점검해 가며 핵심으로 좁혀 가는 대화법으로 적절하다. 논리학에서는 이걸 '소거법', 즉 하나씩 지워 가는 방법이라고 부르는데, 범죄 추리에서도 자주 사용된다.

반면 확실히 부적절한 질문도 있다. "대체 그걸 왜 버린 거야?"라고 비난하듯 묻거나, "그걸 버렸다고? 너, 그렇게 정이 없는 사람이었어?"라고 쏘아붙이는 질문이 그렇다. 비록 질문의 형식을 띠지만, 진정으로 궁금해서라기보다는 상대를 책망하고 비난하기 위해 던지는 일종의 '반어적 질문(=질문이 아닌 질문)'이다. 보통 이런 질문은 상대의 감정을 자극한다. 그 친구와 절교하려고 던진 돌이라면 뭐 그럴 수도 있다. 하지만 그가 나를 공격한 것도 아닌데, 내가 먼저 그를 공격할 이유가 있을까? 적어도 친구와의 대화라면 그럴 수 없다.

모든 질문이 동일한 값을 갖는 건 아니다

이렇게 묻는다는 것에는 확실히 특별한 구석이 있고 다양한 특성이 있다. 우리는 '사회적 동물'임과 동시에 '궁금해하는 존재'이고 그런 궁금증을 '질문을 통해 풀어냄으로써 더 나아지는 존재'다. 그러나 모든 질문이 다 동일한 값어치를 갖는 건 아니다. 어떤 질문은 좀 더 적절하게 대화를 이어 나가게 하고 서로에게 더 많은 앎과 더 깊은 이해를 제공한다. 그에 반해 또 어떤 질문은 대화의 길을 잃게 하거나, 상대의 감정을 자극해서 결국 대화가 중단되기도 하며, 지식을 전하기보다는 혼란을 일으킨다.

어떻게 물어야 할까? 질문의 종류에는 무엇이 있고, 그 각각은 어떤 역할을 할까? 어떨 때 어떤 질문을 하는 것이 적절하고 좋은 질문이 될까? 반대로 어떨 때 어떤 질문을 하는 것은 부적절하고 나쁜 질문이 될까? 질문에 대한 온갖 새로운 질문이 꼬리에 꼬리를 잇고 있다. 이제 이 꼬리칸을 벗어나 다음 칸으로 이동할 첫 번째 열쇠를 쥔 셈이다.

이등칸:
질문에도 종류가 있을까?

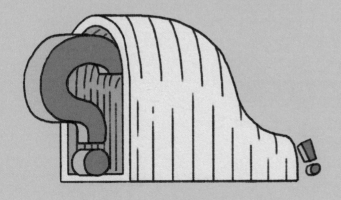

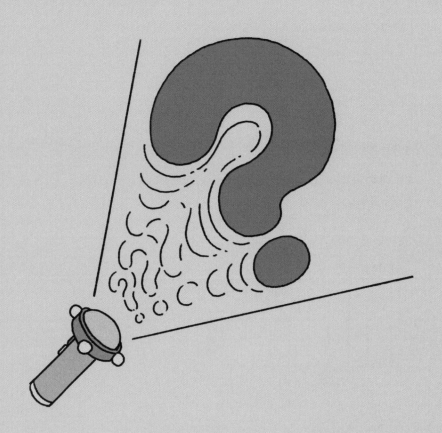

잠깐 영화 이야기로 돌아가 보자. 설국열차의 꼬리칸 사람들은 한때는 '세상의 전부'와도 같았던 꼬리칸을 벗어나 처음으로 '다른 세상'과 마주한다. 어떤 객차는 감옥, 농장, 공장, 학교 등등 설국열차의 승객들이 정상적인 삶을 살도록 돕는 기능이 있다. 대개의 열차처럼 등급도 나뉘어 있다. 일반 승객이 타는 이등칸은 일등칸보다 좁지만 본래 화물칸이었던 꼬리칸보다는 훨씬 넓고 쾌적하다. 어둡지 않다. 창문이 있어서 바깥도 볼 수 있다. 따뜻하고, 식물이 자라고, 동물이 뛰노는 객차도 있다. 놀랍고 신기하면서도 충격적이다. 좁고 춥고 어두운 곳에서, 가끔 나눠 주는 단백질바로 겨우 굶주림을 채웠던 꼬리칸 사람들은 이 모습에 배신감을 느낀다.

꼬리칸에 대해 의문을 품었던 이들은 이렇게 다른 세상의 존재를 알게 됐다. 이처럼 질문은 우리가 알지 못했던 새로운 경험과 지식으로 우리를 이끈다. 하지만 그렇게 해서 얻어진 앎으로 반드시 우리가 즐거워지는 것만은 아니다. 질문은 즐겁기도 하지만 고통스럽기도 하다. 그에 뒤따르는 대답 역시 마찬가지다. 또 다른 세상을 만나면 놀라면서도 주눅이 들듯이, 질문을 품어서 얻는 다채로운 지식은 신기함과 함께 짓눌림을 안기기도 한다. 어떻게 물어야 되도록 덜 고통스럽고 덜 혼란해질 수 있을까?

질문에도 다양한 종류가 있다. 이런 질문 목록을 '한 벌의 카드'라고 생각하고, 상대와 함께 '대화라는 카드놀이'를 한다고 가정해 보자. 상대가 내놓는 패에 맞춰 내가 꺼내는 패가 달라지고 상황에 따라 특별한 기능이 있는 카드를 뽑아 써야 하듯, 대화를 잘 이어 가다가 적절할 때 적절한 질문을 던지는 것이 효과적이다. 질문의 종류라는 건 그렇게 조커나 에이스, 킹처럼 '특별한 기능이 있는 카드 목록' 같은 것이다. 이를 더 잘 이해하기 위해서 대화라는 카드놀이에 대해서 먼저 이야기해 보자.

질문은 의도를 명확히 하는 대화법이다

묻는다는 것은 커뮤니케이션, 즉 서로 의미를 주고받는 의사소통 행위의 일종이다. 우리에게는 각자 모국어라는 한 벌의 카드가 있다. 영어로 된 카드와 그림이 그려진 화투를 섞어서는 놀이를 할 수 없듯, 서로 다른 언어를 쓰는 사람들끼리의 대화는 불가능에 가깝다.

같은 카드를 사용하는 카드놀이처럼 같은 언어에 바탕을 둔 커뮤니케이션은 주로 이런 식으로 이루어진다. 말할 게 있다 → 말한다 → 상대가 듣는다 → 답한다. 그런데 이 과정에서 상대방의 응답이 보장된 것은 아니며, 응답이나 반응 유형도 매우 다양하다. 그래도 다행히 완전히 무질서한 건 아니다. 카드의 수는 제한적이며, 각 상황에서 쓸 수 있는 카드는 그보다 더 적고, 특별한 때에만 쓰는 게 좋은 카드도 있다.

묻는다는 건 다방면으로 펼쳐질 응답 가능성을 특정한 방향으로 좁히는 대단히 목적의식적인 커뮤니케이션이다. 마치 조커 카드처럼 특정 시점에 게임의 방향을 바꾸는 기능을 한다. 상대에게서 듣고 싶은 것이 있고, 상대는 그에 초점을 맞추어 대답하지 않을 수 없는 상황을 만든다. 대화의 의도가 명확하기에, 상대도 어떤 식으로든 그 좁은 가능성 안에서 응하지 않을 수 없으며, 상대의 답이 질문자 의도에 들어맞는지도 비교적 분명하게 결정된다.

궁금한 게 있다(=동기). 물어본다(=행동). 궁금증을 채워 주는 답을 얻는다(=결과). 끝. 단순하게만 표현하면 묻는다는 건 이런 과정을 거친다. 카드놀이가 느슨해지면, 조커와 같은 매우 특별한 기능을 갖는 카드를 던져라. 그러면 게임이 재밌어진다. 대화도 마찬가지다. 지루하고 흐릿한 대화가 아니라 효과적이고 선명한 대화를 바란다면 적절한 질문을 던져 보라. 느슨하고 삐걱대던 대화에 긴장과 함께 생기가 감돌기 시작할 테다.

묻는다는 것은 목적과 결과가 분명한 대화를 만든다. 그렇다면 아무렇게나 질문을 던지는 것만으로 대화가 선명해질까? 당연히 그렇지 않다. 조커를 던져야 할 때도 있지만 에이스 카드를 꺼내는 게 더 적절할 때도 있다. 여자 친구가 "나 뭐 달라진 것 없어?"라고 물으면 남자 친구는 어찌할 바를 몰라 당황한다는 우스갯소리가 있다. 사실 이는 성별의 문제가 아니라 질문 방식의 문제다. 기능이 제멋대로인 조커를 함부로 꺼내면 카드놀이는 일순 혼란에 빠져 버린다.

'나 뭐 달라진 것 없어?'처럼 생뚱맞은 질문을 갑자기 던져도 충분히 즐거운 관계가 있을 수 있다. 하지만 이런 질문은 대개 단순한 질문 이상의 '덫'을 깔고 있게 마련이다. 미세한 차이라도 알아낼 만큼 나에게 관심과 애정을 갖고 있는지를 '시험'하려는 의도, 그 '달라진' 게 그냥 '다른' 게 아니라 '예뻐진' 것임을 말해 달라는 요청, 나아가 내 귀에 거슬리지 않게 적절히 진심 어린 '찬사'를 보내라는 무언의 압박 등. 응답자는 이 수많은 '의도의 나무'로 채워진 밀림에서 길을 잃기 십상이다. 그리고 대개는 야수의 입 안에 제 발로 걸어 들어갈 운명에 처한다.

꼬리칸에서 이미 강조한 적이 있다. 대화를 흥미롭게 만들고, 상대로부터 적절한 답을 이끌어 내기 위해선 '질문의 방법과 형식'이 중요하다는 걸. 요컨대 호기심이라는 '동기'가 있다고 해서 그 호기심을 채워 줄 '결과'가 자동으로 나오는 게 아니라는 뜻이다. 좋은 결과는 그 동기를 적절한 형태의 질문으로 바꿔 주는 내 '행동'으로부터 나온다. '어떻게 묻느냐'에 따라, 답을 더 잘 얻을 수도 있고 그러지 못할 수도 있다. 심지어 질문 방식에 따라 답 자체가 달라질 수 있어서, 질문의 의도와는 영 맞지 않거나, 본래 얻어야 할 답이 아닌 엉뚱한 답을 듣게 되기도 한다.

아니, 진실이 하나라면 그걸 묻는 질문에 대한 답도 하나 아닌가? 질문을 어떻게 하느냐에 따라 답이 달라진다면 그 답이 정말 진실이라고 할 수 있을까? 좋은 질문이다.

의도에 따라 질문의 형태가 달라진다

그런데 이 질문 뒤에는 우리의 '물음'이 '수학적 계산'과 비슷하다는 가정이 깔려 있다. 예를 들어 '1+2=?'라는 등식이 있다고 할 때, 등호 '='의 왼쪽에 위치한 것이 질문이고, 오른쪽의 물음표에 자리해야 할 것이 대답이 아니냐는 말이다. 이 가정이 맞는다면 질문하는 방법이 그리 다양할 수 없다. 고작해야 '1+2'를 '2+1'로 바꾸는 정도겠지. 하지만 이런 수식을 실제의 우리 대화 형태로 바꿔 보자. "하나에 둘을 더하면 얼마가 돼?"라고 질문할 수도 있고, "넌 하나에 둘을 더하면 도대체 몇이 된다고 생각하니?"라고 질문할 수도 있다. 여러분도 한번 생각해 보라. 그 외에도 매우 많은 질문 형태를 만들 수 있을 테다.

"하나에 둘을 더하면 얼마가 돼?"는 정말 답을 몰라서 물어보거나 답을 알면서도 친절하게 상대방의 사고를 유도하는 질문이다. 진짜로 몰라서 물어보는 어린아이의 입장일 수도, 덧셈 법칙을 가르쳐 주기 위해서 물어보는 부모의 입장일 수도 있다. 그런데 "넌 하나에 둘을 더하면 도대체 몇이 된다고 생각하니?"의 경우는 꽤 다르다. 3이라는 답을 제대로 말하지 못하는 상대를 꾸짖기 위한 물음이다. 이 대화의 파국은 이미 시작되어 있는 셈이다.

이렇게, 묻는다는 건 다양한 의도를 품고 있는 매우 적극적인 형태의 대화방식이다. 궁금해서, 알려 주고 싶어서, 더 잘 알려 주고 싶어서, 모르는 걸 확인하고 싶어서, 모르는 걸 알려 주고 싶어서, 모르는 걸 책망하거나 비난하고 싶어서 등등. 이런 **의도에 따라서 질문의 형태가 결정된다.** 뒤집어 말하면, 의도에 맞는 적절한 질문 형태가 있고 질문 형태를 잘못 선택하면 의도와는 다른 결과로 이어질 수 있다는 뜻이다. 난 궁금해서 물었는데, 상대는 책망한다고 받아들일 수 있다. 난 알려 주고 싶어서 물었는데, 상대는 내가 몰라서 묻는다고 착각할 수도 있다.

정말 궁금해서 던지는 질문 vs. 원하는 답을 들으려는 질문

질문의 의도를 가장 단순화해 보면 '궁금함'과 '재확인'으로 나눌 수 있다. **정말 궁금해서 상대에게서 그 답을 듣고자 던지는 질문을 '진짜 질문'이라고 해 보자.** 반면 이미 답이 정해진 상태에서 상대에게

그걸 재확인하려고 내놓는 질문을 '가짜 질문'이라고 해 보자.

먼저, 질문의 형식을 띠고는 있지만, 실제로는 궁금한 것이 아닌 '가짜 질문'에 대해 알아보자. 이를 약간 어려운 말로 '수사적 질문(=수사의문문)'이라고 한다. 여기서 '수사적'이라는 건, 말을 실제와는 다르게 꾸며서 한다는 뜻이다. 말하고 싶은 걸 직접 말하는 게 아니라 질문이라는 간접화법을 통해 에둘러 말한다는 의미도 된다. 이런 가짜 질문은 대체로 세 가지 종류의 의문문 형태로 표현되며 재확인과 강조를 목적으로 한다.

첫째, "이게 정말 사람이 할 짓이야?"라는 질문은 '사람이라면 그런 짓을 할 수 없다'는 반대 의미를 강조하기 위함이다. 앞에서도 말한 '반어적 질문(=반어의문문)'이다. 둘째, "너 왜 아직도 숙제를 안 했니?"라는 질문은 해야 할 걸 안 했다고 꾸짖으며 "빨리 숙제를 마쳐라."고 재촉하는 것이다. 사실상 질문의 형태를 빌린 명령이므로 '명령적 질문(=명령의문문)'이라고 한다. 이 의도를 착각해서 정말 숙제 안 한 이유를 주저리주저리 답하면 그건 변명이 돼 버리고 상대의 분노를 키울 뿐이다. 셋째, "이렇게 맛있는 빵이 세상에 있었단 말이야?"라는 건 "맛있다!"고 탄복하는 것이다. 그래서 '감탄적 질문(=감탄의문문)'이라고 한다. 이 의도를 오해해서 "당연히 있지."라고 답하거나, 심지어, "웬걸, 더 맛있는 빵도 많아."라고 답한다면, 분위기 파악 못 하는 '아싸(=아웃사이더, 다른 이들과 잘 어울리지 못하는 사람)'가 되는 지름길이다.

이와 같은 가짜 질문은 자신의 감정을 강조해 표현함으로써 상대가 나에게 공감하며 내가 강조하는 바를 재확인해 주길 바라는 의도를 품고 있다. 이른바 '답정너(=답은 정해져 있으니 너는 내가 원하는 답을 하면 된다)'식의 이런 질문은, 묻는다는 것의 본질이라고 할 수 있는 '지식 추구'에 부합하는 형식은 아니다.

그에 반해 '진짜 질문'은 정말로 궁금해서 묻는 것이다. **묻는다는 것의 정수는 진짜 질문에 있다.** 이런 진짜 질문 역시 다시 여러 종류로 나눌 수 있다. 가장 크게는 긍정과 부정으로 단순하게 답할 수 있는 질문, 그리고 이런 양자 선택이 아닌 복잡한 설명으로 답하지 않을 수 없는 질문으로 구별된다.

첫째, 긍정과 부정, 즉 '예/아니오'로 간단히 답할 수 있는 유형의 질문을 가리켜 '판정적 질문(=판정의문문)'이라 부른다. 법정 드라마에 "증인, '예/아니오'로만 답하세요. 봤다는 겁니까 아니면 못 봤다는 겁니까?"라는 식의 질문이 흔하게 등장한다. 마치 판사처럼 던지는 질문이라는 뜻에서 판정의문문이라 부른다고 기억해도 좋다. 세상에는 명확히 긍정하거나 부정해야 할 일이 분명히 있다. 그럼에도 이런 긍정·부정을 밝힐 수 없다면 판단력이 없거나, 거짓말 혹은 책임 회피를 하려는 거다.

둘째, 그럼에도 세상에는 '예/아니오'로만 답할 수 없는 구체적인 정보가 넘쳐 난다. 이런 구체적인 정보가 서로 연결되어 지식이 만들어진다. 질문도 정확해야 하고 그에 대한 답 역시 정교하게 설명돼야 한다. 따라서 이를 '설명적 질문(=설명의문문)'이라 부르는데, 바로 이 **설명적 질문이야말로 지식과 진실을 추구하는 행위로서의 '묻는다는 것'의 본질이자 정수다.**

누가, 언제, 어디서, 무엇을, 어떻게, 왜 했는가?

진짜 질문의 핵심을 이루는 설명적 질문은 여섯 가지 유형의 질문으로 구성된다. 여러분도 들어 보았을 '육하원칙'이다. '육하(六何)'라는 건 '여섯 가지 유형의 질문'이라는 뜻이다. **'누가, 언제, 어디서, 무엇을, 어떻게, 왜'로 요약되는 6대 질문 원칙**은 사실과 논리에 입각한 기사문이나 설명문이 반드시 포함해야 할 필수적 정보를 가리킨다. '사건·행위'라는 핵심 정보를 중심으로 두고, 그 핵심 정보를 더 구체적으로 이해하기 위해 필요한 부가 정보가 더해진다.

사건·행위라는 핵심 정보를 묻는 질문은 '무엇을?'이다. 정확히 말하면 '무엇을 했나?' 혹은 '무엇이 발생했나?'라고 해야겠지만 말이다. 그래서 이 질문은 반드시 그 사건·행위를 일으킨 주체에 관한 질문인 '누가?'와 함께 온다. 결국 핵심 정보는 '누가 무엇을 했나?'로 묶여 질문되는 게 타당하다. 여기에 우선 두 가지 부가 정보, 즉 시간과 장소에 관한 정보가 더 주어지면 그 사건·행위에 대한 포괄적인 기초 정보가 확보된다. 주체에 관한 질문(누가?), 행동에 관한 질문(무엇을 했나?) 그리고 시간(언제?)과 장소(어디서?)에 관한 질문을 통해 얻어지는 이 네 가지 정보는 요즘 흔히 강조되는 이른바 팩트(fact), 즉 '사실'을 구성하는 요소들이다.

다른 두 가지 부가 정보인 '어떻게?'와 '왜?'는 엄밀히 말해 단편적인 사실만으로는 구성될 수 없다. 사건의 정황과 구체적인 행위를 '묘사'하기 위한 질문이 '어떻게?'이고, 그 사건이 발생한 동기 혹은 원인에 관련된 '분석'이나 '해석'을 요구하는 가장 어려운 질문이 '왜?'이다. 여기에는 누구나 동의할 수 있는 객관적인 사실을 넘어 목격자 혹은 응답자의 주관적 해석과 추정이 끼어들 수밖에 없고, 종종 높은 수준의 이론적 지식이 필요하다.

예컨대 이런 짧은 기사가 있다고 하자.

시위 중 목숨을 잃은 대학생 이한열 씨를 추모하기 위해, 1987년 6월 10일 서울시청 앞에는 100만 명이 넘는 시민들이 자발적으로 운집했다. 이들은 전두환 정부의 반민주적 통치에 반대하여 '호헌 철폐, 독재 타도'라는 구호를 함께 외쳤다.

핵심 정보인 사건·행위에 관한 질문인 '무엇을 했나?'에 대한 답은 '운집했다(=구름처럼 많이 모였다)'와 '구호를 외쳤다'이다. 그런 행위의 주체에 관한 다른 핵심 정보를 묻는 질문인 '누가?'의 답은 '100만 명이 넘는 시민'이다. 부가 정보인 '언제?'에 대한 답은 '1987년 6월 10일', 그리고 '어디서?'의 답은 '서울시청 앞'이다. 이 네 가지 핵심 및 부가 정보는 모두 상당 부분 객관적으로 확인되는 사실들이다.

이제 당시의 정황을 좀 더 구체적으로 알기 위한 질문 '어떻게?'에 대한 답을 찾아보자. '어떻게?'라는 질문은 일어난 사건·행위를 더 구체적으로 묘사하기 위한 것이어서, 이미 질문된 '누가, 무엇을 했나?'에 따라붙는다. 시민들은 '자발적'으로 모였고 '함께' 구호를 외쳤다. 누군가의 명령에 의하지 않고 자신의 의지로 나섰으며, 다양하고 분산된 형태가 아닌 명확하고 일관된 요구를 합심해서 강력히 밝히고 있었음을 가리킨다. 그러나 이들의 자발성과 합심에 관련된 묘사는 앞의 경우에 비해 상대적으로 덜 객관적인 해석과 추정에 의한 것이다.

이보다 더 복잡한 것은 이 사건·행위가 발생한 이유 혹은 목적을 알기 위한 질문, '왜?'에 대한 답이다. 앞의 기사에서는 이유나 목적이 직접적으로 명확히 제시되어 있지는 않다. 다만 "시위 중 목숨을 잃은 대학생 이한열 씨를 추모하기 위해"라는 부분과 "전두환 정부의 반민주적인 통치에 반대하며" 부분을 통해 간접적으로 밝히고 있다. 그날 그 시간 그 장소에 그렇게 많은 시민이 자발적으로 모여 함께 구호를 외친 것은 '추모'와 '반대'를 하기 위함이었다는 것이다. 시위의 목적과 발생 원인에 관련된 이런 진술 역시, 이 기사에서는 충분히 담기 어려운, 완벽히 객관적이라고는 할 수 없는 추정과 분석을 전제로 한다.

이렇게 '진짜 질문'의 요체인 '설명적 질문'은 각각의 구체적인 정보를 지목하여 요청하는 여섯 가지 유형의 질문으로 구성된다. 이중 '누가, 언제, 어디서, 무엇을 했나?'와 관련된 네 가지 질문으로는 특정 사건·행위에 관한 지식의 기초를 이루는, 누구나 동의할 수 있는 사실 정보를 확보할 수 있다. 이에 뒤따르는 '어떻게, 왜?'에 관련된 두 가지 질문으로는 그 사건·행위에 관련된 더 깊이 있는 지식으로 나아가는 분석 및 해석 정보를 얻을 수 있다.

좁히는 질문, 넓히는 질문, 옮기는 질문

'판정적 질문'과 '설명적 질문'으로 구성되는 진짜 질문에 관련하여 지금까지 나눈 이야기를 '방향성'이란 관점에서 다시 세 가지 유형으로 정리해 보자. '한 지점으로 좁혀 가는 질문'과 '사방으로 넓혀 가는 질문', 그리고 '옆으로 이동하는 질문'이 그것이다.

먼저 '좁혀 가는 질문'은 여러 정보를 한 점의 확정적 지식으로

모아 주는 질문이다. 조금 어려운 말로 '수렴형 질문'이라 해도 좋다. 누구나 동의할 수 있는 사실을 분명히 하거나, 어느 정도 결론 맺을 필요가 있는 특정 진실 혹은 지식에 다다르기 위한 목적에서 진행되는 연속된 질문 집합이라고 할 수 있다. 주로 '예/아니오'로 귀결되는 '판정적 질문'의 연쇄가 이에 적합하다. '누가, 언제, 어디서, 무엇을 했는가?'를 하나하나 물은 다음, '어떻게, 왜 그것을 했는가?'를 질문함으로써 특정 사건에 대한 완성된 지식을 얻는 방식도 가능하다.

한편, **'넓혀 가는 질문'이란 한 가지 정보에서 시작해서 다방면의 지식으로 뻗어 나가는 질문이다.** 한 지점에서 여러 지점으로 퍼져 가기 때문에 '확산형 질문'이라 해도 좋다. 확실한 것을 불확실한 것으로, 당연하다고 여겨지는 것을 의심하거나 비판하는 것으로 바꾸어 가는 질문이다. 이를 통해 대화는 점점 더 열리고, 사고는 점점 더 유연해지며, 지식과 견해의 넓이가 점점 더 확장되는 경험을 하게 된다. 이 과정을 거치며 '누가, 언제, 어디서, 무엇을'에 해당하는 정보의 양이 늘어나고, '어떻게'와 '왜'를 채워 주는 답이 두터워진다.

마지막으로 **'옆으로 이동하는 질문'이란 특정한 방향성 없이 대화를 이어 주는 질문이다.** 수렴형 질문과 확산형 질문은 각각 지식의 확정과 지식의 반전이라는 명확한 목적이 있는 반면, 그저 주제를 옆으로 이동하기만 하는 질문은 특별한 목적과 지향이 있지 않기 때문에 '산책형 질문'이라고 부를 만하다. 굳이 말하자면 딱히 목적 없는 대화나 사고가 목적이라고 할 수 있을, 즉 자유분방한 대화나 사고 그 자체를 목적으로 하는 질문이다.

수렴형 질문은 명확한 답을 향해 간다는 점에서 대단히 '실용적' 이다. 이를 통해 얻은 지식은 '확신'을 주며, 실천에 곧바로 적용할 수 있다. 가장 대표적인 형태로는 범죄자를 찾거나 피의자를 재판하는 과정에서 동원되는 질문 방식인 '심문'이 있다. 예컨대 "이날 이 시간에 어디에 있었나요?", "그 시간에 그 자리에 있었다는 것을 어떻게 증명할 수 있나요?" 등을 묻는 것을 '알리바이 심문'이라고 한다. 만약 범죄가 발생한 것으로 추정되는 시각과 장소에 있지 않았음을 피의자가 입증하지 못하면 그는 유력한 용의자가 된다.

반면, **확산형 질문은 확정된 답을 얻기보다는 사고의 다양성과 확장성을 지향한다는 점에서 '사색적'이다.** 기존의 고정되고 딱딱한 사고를 벗어나 다양하고 유연하면서도 깊이 있는 사고를 하도록 도와주기 때문이다. 여러분이 마냥 어렵고 아리송하게 생각하는 '철학적'인 대화가 그렇다. "우리는 왜 사는가?"라는 질문은, "산다는 것은 무엇인가?", "단순히 생명을 이어 가는 일인가, 아니면 그 이상의 목적이 있는가?", "우리는 왜 태어났는가?", "죽음이란 무엇인가?" 등등의 연결된 질문을 낳는다. 결코 대답하기 쉽지 않지만, 그 과정에서 생명과 탄생의 의미, 삶의 목적, 죽음의 이유, 나아가 신의 존재

여부 등에 관련된 생각과 지식을 키울 수 있다.

　마지막으로 **산책형 질문은 그저 대화를 다채롭게 이어 가기 위해 던지는 질문이기 때문에 '유희적'이다.** 말 그대로 즐거운 놀이다. 수렴형 질문은 압박감이 크고 결론에 다다르는 순간 대화가 끝난다. 또 확산형 질문은 잠시 신선할 수는 있어도 훈련이 되지 않은 경우 감당하기도 어렵고 금세 피로해진다. 반면에 "여행 가서 즐거웠어?", "뭘 했는데?", "비싸진 않았어?", "참, 여행 비용은 얼마나 들어간 거야?", "와, 그 여행사 소개해 줄 수 있어?", "근데 비행기에서 먹은 밥은 맛있었어?" 등으로 이어지는 산책형 질문은 딱히 실용적이지도 않고 깊이도 없지만, 즐겁다. 방향도 결론도 생각지 않고, 그저 앞의 말과 뒤의 말을 잘 이어 가면 된다.

　다양하면서도 깊이 있는 지식을 얻는 데 가장 좋은 질문 방식은 수렴과 확산을 적절히 섞는 것이다. 어떨 땐 무작정 산책도 하면서 말이다. **명확화가 필요할 때 제대로 좁혀 가는 질문을, 그리고 더 넓은 시야가 필요할 때 그에 맞춰 초점을 적절히 이동 및 확산해 가는 질문을 던지면 적당히 실천적이면서도 깊이와 너비를 갖춘 즐거운 대화를 만들어 갈 수 있다.**

　이것이 바로 고대 그리스 철학자 소크라테스가 창시한 '문답법'이 하려는 바다. '너 자신을 알라'는 유명한 경구로 함축되는 문답법은 상대의 '무지'를 스스로 깨닫게 하는 질문을 계속 던짐으로써 사물에 대한 올바른 개념을 얻게 하고 궁극적으로 진리에 도달하도록 돕는 철학적 방법이다. 한 주제에 대해 무지를 깨닫게 하면(=수렴), 연관된 주제로 옮겨 새로운 무지를 발견하게 한다(=확산). 그러면서도 특정한 결론에만 머무르기보다 즐거이 여러 주제 사이를 옮겨 다닌다(=산책).

모르는 게 나쁜 게 아니라 자신의 무지를 모르고 인정하지 않는 게 나쁘다. 조금 어려운 말로 하면 억견(doxa: 잘못된 견해를 고집하는 것)을 타파해야 참지식(episteme: 올바른 개념을 통해 본질에 다다른 지식)에 이를 수 있는데, 억견을 깨고 참지식으로 나아가는 과정을 도와주는 방법이 바로 문답법이다.

사람들은 참지식을 얻고 싶어 하고 그럴 능력이 있다. 그런데 대부분은 억견에 얽매여 있으면서도 그 사실을 깨닫지 못한다. 질문하지 않았기 때문이고 누군가 질문을 던지지 않았기 때문이다. 우리는 참지식에 대한 열망뿐 아니라 그것을 이해할 수 있는 잠재력을 품고 있다. 그런 열망과 잠재력을 바깥으로 끌어내어 실현될 수 있도록 도와주는 가장 좋은 방법은 '더 나은 지식'을 지닌 이, 혹은 적어도 '더 원숙한 사고 능력'을 지닌 이가 적절한 질문을 던져 주는 것이다.

그래서 소크라테스의 문답법을 '산파술(産婆術)'이라고도 한다. 산모가 아이를 낳도록 도와주면서, 아이와 산모 모두의 생명과 건강을 해치지 않게 살피는 능숙한 노파의 기술과 같다는 비유다. '스스로 아이를 출산한 경험에 바탕을 두어 다른 이들이 아이를 낳도록 도움을 준 경험이 풍부한 여성 노인'처럼, 우리에게는 좋은 질문을 던져 주는 선생님이 필요하다.

그런데 소크라테스는 정말 좋은 산파였을까? 그는 어떻게 문답법을 썼을까? 이 질문에 대한 답은 다음 칸에 있다. 이제 여러분은 이 질문열차의 일등칸, 더 높은 수준의 질문과 대답이 오고 가는 객차에 다다랐다. 열쇠를 돌려 문을 열고 다음 칸으로 건너가 보자.

일등칸:
질문은 어떻게 우리를
참된 지식으로 이끌까?

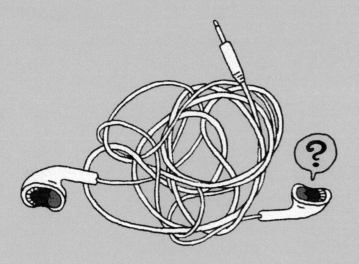

최상의 질문 기술이자 지식이랄 수 있는 소크라테스의 문답법과 산파술에 대해 들어 본 사람은 많다. 그러나 정작 그게 무엇이고 실제로 어떻게 쓰이는지를 들여다보는 사람은 거의 없다. '소크라테스가 문답법을 창시했다'는 역사적 사실을 아예 모르거나 관심조차 없는 것보다는 낫겠지만, 그런 단편적 지식만으로는 문답법의 엄청난 위력, 나아가 질문의 힘을 체감하기 어렵다.

소크라테스가 문답법을 창시했다는 걸 알았다면, 거기서 멈추지 말고 당연히 이런 질문이 뒤따라야 한다. 소크라테스가 문답법을 써서 다른 이의 무지를 일깨웠다는데, 어떻게 하는 겁니까? 서양 철학의 출발점이라고까지 할 만큼 훌륭하다는 이유는 뭔가요? 이에 대한 답을 찾으려면 문답법에 대한 설명을 구구절절 듣기보다 실제 소크라테스가 했다는 대화 속으로 직접 들어가 보는 게 좋겠다.

소크라테스와 트라시마코스의 대화

소크라테스는 저서를 남기지 않았다. 그는 평생 **상대와의 '대화'를 통해 진리에 다다르고자 노력**했다. 그의 사상은 수제자 플라톤이

책으로 기록했다. 그것이 진짜로 소크라테스의 철학이었는지, 소크라테스의 입(과 권위)을 빌려 말하고자 했던 플라톤의 사상이었는지는 불확실하다. 그럼에도 소크라테스가 '강력한 지적 무기'로 사용했던 문답법의 정수가 플라톤의 저작을 통해 지금까지 이어지고 있는 것만큼은 확실하다.

플라톤의 가장 유명한 저서인 『국가』는 다른 '대화편'들처럼 소크라테스와 몇몇 사람이 나눈 대화로 이루어져 있다. 첫 장은 소크라테스가 제자들인 플라톤 및 그의 형제들과 함께 '올바름', 정의(正義)에 대해 논하는 내용이다. 소크라테스 무리는 당대의 논객인 소피스트(=목적에 따라 논리를 바꾸는 화려한 궤변론자) 한 무리를 맞닥뜨린다. 소크라테스는 올바름을 알고 있다고 확신하는 이에게 계속 질문을 던져 그런 생각이 올바름의 본질과는 거리가 멀다는 점을 밝히는데, 이 와중에 트라시마코스라는 소피스트가 참다못해 달려든다.

트라시마코스: 소크라테스 선생, 이게 무슨 허튼소리랍니까? 올바른 것이 무언지 정말 알고자 한다면 선생처럼 그렇게 묻기만 하시면 안 되죠. 누가 무슨 대답을 하면 그걸 논박하고서 뽐내려 하지 마세요. 대답하는 것보다 질문하는 게 더 쉽다는 걸 아시잖아요? 그러니 올바른 것이 무엇인지 선생이 몸소 대답해 보시죠. 주장하는 바를 분명하고 정확히 해 주세요.

소크라테스: (소크라테스는 본래 '무지자', 즉 모르는 사람을 자처했다. 질문만 해 대지 말고 자기 생각을 밝히라며 위협하는 트라시마코스에게 소크라테스는 예의 '무지자로서의 겸손한' 어법을 사용하여 말한다.) 트라시마코스 선생, 우리한테 너무 가혹하게 대하지 마세요. 우리가 대화하는 와중에 혹 잘못을 저질렀다면 본의 아니었던 걸로 생각해 주시죠. 열성껏 하고 있지만 우리 능력이 미치지 못할 뿐이라고 나는 생각합니다. 그러니 우리보다 유능한 당신들한테서 가혹한 대접보단 어쩌면 동정을 받는 게 훨씬 합당한 일 같네요.

트라시마코스: 이게 바로 소크라테스 선생의 그 상투적인 '시치미 떼기 술법'임을 내가 모를 것 같습니까? 동료들에게도 그래서 이미 말해 놨죠. 선생은 질문을 받더라도 (마치 답을 모르는 것처럼) 시치미를 떼고 대답을 회피할 거라고요.

소크라테스: 선생은 현명한 사람이라서 이미 그런 걸 알고 있었겠죠. 그렇다면 또 이제 내가 말하려는 것에 대한 답도 알고 있겠네요. 만약 누군가가 "12가 얼마나 되는 수인지"를 우리한테 묻고는, "단, 6의 두 배이거나, 4의 세 배이거나, 3의 네 배이거나, 2의 여섯 배라고는 말해선 안 된다."고, "그런 허튼소리를 하면 대답으로 인정하지 않겠다."고 하면 어떻게 해야 할까요?

트라시마코스: (질문도 대화의 일종이다. 그런데 "질문만 하지 말고 자기 생각을 말하라."는 건, 특정한 종류의 말은 하지 말라고 금지하고선 자기

가 원하는 방식으로만 답하라고 강요하는 것과 같다고 소크라테스가 반론한 셈이다. 살짝 말문이 막힌 트라시마코스는 이렇게 방향을 바꿔 제안한다.) 제가 그렇게 당신의 답을 제한하고 있다는 의미로군요. 좋습니다. 그러면 제가 만약 올바름에 관해 여러분이 앞서 나눈 대화 속 모든 것과도 다른, 아니 훨씬 더 나은 대답을 제시한다면 어쩌시겠어요? 무슨 벌을 받아야 싸다고 생각하나요? (질문이 아닌 주장을 하라고 압박할 수 없게 된 트라시마코스는 소크라테스 무리의 코를 납작하게 할 방법을 고민한 것으로 보인다. 그 결과로, 도무지 반론을 할 수 없는 자신의 명답을 제시하는 대신, 소크라테스 일행이 대가를 톡톡히 치르게 하겠다며 엄포를 놓는다.)

소크라테스: 그야 알지 못하는 자로서 받아야 할 벌이지 뭐겠습니까? 아는 이에게 가르침(mathos: 마토스)을 받는 게 곧 벌(pathos: 파토스)이니, 당신의 말이 옳다면 나는 이 벌을 받아 마땅하다고 생각합니다. (당시 그리스어에서 '벌'은 고통과 수난을 겪는다는 뜻이었는데, 그리스인들은 그를 통해 '교훈', 즉 가르침을 얻는다고 믿었다.)

트라시마코스: (소크라테스가 '가르침을 받는 게 곧 벌'이라고 응수하자, 그는 더 노골적으로 말해야겠다고 결심한 듯 비아냥댄다.) 정말 재미난 분이군요. 하지만 가르침을 받는 것 외에 벌금도 내셔야겠는데요?

소크라테스: 내게 돈이 생기는 대로 그렇게 하겠소.

트라시마코스: 물론 그러시겠죠. 하지만 그렇게 말하고는 결국 선생

께서 늘 하던 대로 하시겠다는 거 아닙니까? 스스로는 대답하지 않으면서 남의 주장을 붙들고 논박하는 식으로요.

소크라테스: (여전히 당신의 술법에 휘말리지 않겠다는 태도인 트라시마코스를 명확히 제압할 필요가 있다고 생각한 듯한 소크라테스는 앞에서보다 더 단호한 어조로 분명히 반박한다.) 일단, 당신이 내게 듣고자 하는 답을 나 스스로 모릅니다. 그러니 알고 있다고 주장하지도 못합니다. 그런 내가 어떻게 당신이 바라는 대답을 할 수 있겠습니까? 다음으로, 설령 뭔가 알고 있다 할지라도, 당신같이 결코 만만치 않은 사람 앞에서, 당신이 금지한 것을 빼고 말해야 한다면 도대체 어떻게 답을 할 수 있겠습니까? 그럴 바엔 선생이 직접 말하는 게 맞지 않을까요? 선생이야말로 그 답을 알고 있다고 주장하고 있으니 말이에요. 그러니 스스로 답을 내어 여기 있는 이들에게 가르침을 주시지요.

올바름의 진정한 의미를 찾아 나가다

트라시마코스: (모르는 걸 어찌 답하겠느냐, 그리고 설혹 조금 알더라도 특정한 방향의 답만을 강요한다면 어떻게 말을 할 수 있겠느냐고 소크라테스가 정색하며 반론하자 트라시마코스는 자기 편의대로만 대화를 끌고 가기가 어려워졌다. '올바름'에 대해 스스로 확신하는 바를 말하는 걸

더 이상 미룰 수 없다고 느낀 그는 마지못해 양보하는 척하면서 의기양양하게 답한다.) 다들 들으시오! 저는 **올바른 것이란 '더 강한 자의 이익'** 외에 다른 것이 아니라고 주장합니다. 어때요, 칭찬 들을 만한 대답 아닙니까?

소크라테스: 칭찬을 하더라도 우선 선생이 무슨 뜻으로 그런 말을 하는지 알아야 할 수 있겠네요. 강자? **어떤 사람이 강자죠?** 격투기 선수처럼 힘세고 싸움 잘하면 강자인가요?

트라시마코스: (여기서 그는 느슨했던 '강자'의 의미를 좁히는 선택을 하지 않을 수 없다.) **나라마다 힘을 가진 쪽은 지배자들, 즉 정권이죠.** 정권의 형태는 조금씩 다르기도 하지만, 각 정권은 각자의 이익을 위해 법을 만들어 통치합니다. 서로 다른 나라에 서로 다른 정권이 있다고 하더라도 결국 통치자에게 이로운 것이 정의가 되는 셈이죠.

소크라테스: 올바른 것은 아무튼 이익을 주는 것이라는 점에는 저도 동의합니다. 그런데 당신은 '더 강한 자'의 이익이 정의라고 굳이 말합니다. 그래서 저는 그 강자의 의미를 우선 검토해야 한다고 생각합니다. 자, 당신은 통치 대상이 통치자들에게 복종하는 것, 즉 통치자가 만든 법을 이행하는 일 역시 올바르다고 주장하지요? (트라시마코스는 "그렇다."고 답한다.) 당신이 강자라고 말한 각국의 통치자는 실수를 전혀 하지 않을까요, 아니면 가끔 실수도

할까요? (트라시마코스는 "실수를 할 수도 있는 이들임에 틀림없다."라고 말한다.) 그렇다면 이들은 어떨 땐 법을 옳게 제정하지만, 옳게 제정하지 못하는 때도 있겠죠? (트라시마코스는 동의한다.) 당신의 주장에 따르면, **더 강한 자의 이익뿐 아니라 그 반대의 것, 즉 강한 자에게 이익이 못 되는 것도 이행하는 게 올바르다는 의미가** 되죠.

트라시마코스: (의도치 않았던 방향으로 가고 있음을 직감한 그는 이렇게 외친다.) 지금 대체 무슨 말씀을 하고 계십니까?

소크라테스: 당신이 했던 말 그대로예요. 다스림을 받는 이들이 반드시 이행해야 하는 것들(즉, 법) 가운데에는 때로 통치자에게 이익이 되지 못하는 것도 있겠지만 그렇다 하더라도 이를 이행하는 게 올바르다는 데 이미 동의한 것 아닙니까? 즉, 당신이 말한 바와 반대의 것을 이행하는 것도 올바른 것이 되는 상황이 생기지 않습니까? 더 강한 자에게 이롭지 않은 법도 더 약한 자들이 따라야 하니까 말이에요.

이 시점에서 트라시마코스의 제자인 클레이토폰이 스승을 곤경에서 구해 내기 위해 끼어든다. "트라시마코스 선생님께서 '더 강한 자의 이익'이라고 말씀하신 것은 '더 강한 자가 자신에게 이익이 될 거라고 생각한 것'을 가리킵니다." 그러자 소크라테스가 트라시마코스에게 다시 묻는다. "당신이 올바른 것이라고 말하려 의도한 게, 강한 자에게 실제로 이익이 되건 아니건, 자신에게 이익이라고 '생각한 것'입니까?"

트라시마코스: 천만에요! 실수를 저지른 사람을 제가 강자라고 부를 거라고 보시나요? (이에 소크라테스는 여유롭게 "당신이 이미 그걸 동의했기에 하는 말"이라고 응수한다. 그러자 트라시마코스는 발끈하여 자신의 말을 좀 더 정교하게 하려고 시도한다.) 의사가 환자에게 저지른 '실수'를 두고 그를 진정한 의사라고 부를 수 있나요? 실수는 지식이 모자라서 나오므로, 실수가 있다면 그를 전문가라고 말할 수 없습니다. 물론 우리가 그냥 하는 말로 '의사가 실수했다'고는 합니다. '통치자도 실수할 수 있다'는 제 말은 그런 뜻으로 받아들이세요. 당신이 엄밀하게 말하는 걸 원하니 저도 **엄밀하게 이야기한다면, 통치자 역시 '통치를 전문으로 하는 자'로서는 실수하지 않으며, 그렇기 때문에 자신에게 최선의 것을 법으로 제정**합니다. 다스림을 받는 입장에서는 그걸 따를 수밖에 없죠. 결국 강자에게 이로운 것이 정의라는 데에는 틀림이 없습니다.

소크라테스: 전문가인 의사는 엄밀히 말해서 돈벌이를 하는 자입니까, 아니면 환자를 돌보는 자입니까? (트라시마코스는 '환자를 돌보는 자'라고 답한다.) 또 배의 키(=조종간)를 잡는 선장은 선원들을

통솔하는 사람입니까, 아니면 그냥 선원 중 하나입니까? (트라시마코스는 '선원들의 통솔자'라고 답한다.) 의사는 환자의 병을 고치는 기술이 있고 그걸 올바르게 사용하면 병을 고칠 수 있죠? 선장은 단순히 '키를 잡는 기술' 때문이 아니라 그를 통해 선원들이 탄 배를 제대로 된 방향으로 이끌고 갈 수 있기 때문에 통솔자라 불리겠죠? 결국 의사가 가진 **의술이나** 통치자가 가진 **통치술이란 단지 자신을 이롭게 하는 기술이 아니라 그 기술이 사용되는 대상, 즉 다른 이들(=환자, 다스림을 받는 자 등)을 이롭게 하는 기술**이라 할 수 있겠죠?

트라시마코스: (올바름에 대한 논의가 애초에 의도했던 것과는 정반대로 가고 있음을 깨닫고, 말의 방향을 돌리려 애쓴다.) 양치기가 양을 살찌우는 건, 자신 혹은 양 떼 주인을 이롭게 하기 위한 것이지 양에게 이로움을 주기 위함이 아닙니다. 통치자도 마찬가지죠. 다스림을 받는 이들을 위해 일을 하는 것 같아도 그건 결국 통치자 자신에게 이롭기 때문입니다. (자신의 의지와는 상관없이 형편이 기울었다고 느낀 트라시마코스는 이런 말을 쏟아 놓고 그 자리를 뜨려 했다. 그러자 이 대화 장면을 지켜보던 다른 이들이 그를 잡아 세운다.)

소크라테스: 양을 치는 기술과 양으로부터 이득을 얻는 기술은 다른 것이지요. 양치기는 자신이 맡아 돌보는 대상을 위해 최선의 것을 제공합니다. 양을 돌보고 키우는 기술이 양치기의 기술이지, 그를

통해 돈을 버는 기술이 양치기의 기술은 아닐 겁니다. 통치자의 통치술도 마찬가지겠죠? **통치술은 다스림을 잘 수행해 내는 기술이고, 그로써 다스림을 받는 이들을 이롭게 하는 기술**입니다. 다스림을 통해 보수를 받는, 즉 이익을 얻는 기술을 통치술이라 부를 수는 없죠. 게다가 통치술을 지닌 **통치자들은 자신에게 이로운 무언가를 얻기 위해 통치에 나서는 게 아닙니다. 그들이 통치에 나서는 이유는, 스스로 통치를 담당하지 않을 경우 자신들보다 못한 사람에 의해 통치를 받는 최악의 형벌을 피하고 싶어서일 거라고 생각합니다.**

이쯤에서 트라시마코스는 자신이 주장했던 '올바름'이 스스로 주장했던 논리에 의해 오히려 정반대의 결론에 도달했음을 직감한다. 그런데도 그는 이렇게 항변한다. "정의란, 통치자에게는 이익이고 다스림을 받는 사람에게는 해가 되더라도, 결국 지킬 수밖에 없는 것입니다. 반면 부정의란, 순진하고 올바른 사람들을 조종해서 강한 자들의 이익을 따르게 함으로써 결국 강자들만 행복하게 하는 거죠." 여러분도 눈치챌 수 있다시피, 올바름과 올바르지 않음에 대한 이야기가 마구 뒤섞이면서 도통 알 수 없는 지경에 이른다.

결국 트라시마코스는 자신에게 이익이 되지 않음에도 그것을 따라야 하는 약자들의 '순진함'을 지적한다. 그러면서 '남을 이롭게 하

는 것이 올바른 것이며, 올바른 이들은 행복하다'고 말하는 소크라
테스 역시 '지극히 순진'할 뿐이라고 말한다. 여기서 그의 속내가 드
러난다. 올바른 사람은 비참해지고, 올바르지 못한 사람이 행복해지
는 게 현실이다, 그 현실은 결국 강자의 이익이 정의가 됨을 말해 줄
뿐이다, 라고 믿는 그의 속내 말이다.

얽힌 매듭을 질문으로 풀다

이 문답법은 플라톤의 『국가』에 나온 길고 긴 대화에서 핵심이라고
생각되는 것을 추려 여러분이 이해하기 쉽도록 재구성한 것이다. 소
크라테스의 가장 마지막 말은 흔히 "정치를 외면한 가장 혹독한 대
가는 가장 저질의 인간에 의해 지배받는 것이다."라는 문구로 많이
알려졌다. 이 말은 투표 등 시민의 정치 참여를 독려하기 위해 자주
인용된다.

그러나 본래 소크라테스(의 입을 통해서 플라톤)가 말하고자 했던
건 그와는 조금 다르다. '훌륭한 이들'은 어떤 개인적인 이익을 위해
공직을 맡는 게 아니라 '자신보다 못한 이들'에게 다스림을 받는 모
멸감을 견딜 수 없기 때문에 어쩔 수 없이 통치에 나선다는 의미다.
트라시마코스가 주장하는 이기심 때문도 아니고, 그렇다고 엄청난
이타심 때문도 아니라는 것. 곧 소크라테스(와 플라톤)가 말하는 정

의로움이란 '덜 정의로운 상태를 견디지 못하는 마음'에 가깝다는 이야기라고 나는 해석한다.

앞의 대화에서 소피스트(즉, 궤변론자)인 트라시마코스가 궤변(즉, 화려한 말솜씨로 뒤죽박죽인 논리를 치장하는 방법)을 펼치고 있다. 하지만 트라시마코스의 주장은 틀리고 소크라테스의 반론만이 옳다고 볼 수는 없다.

소크라테스와 트라시마코스의 대화를 보고 여러분은, 누구의 말이 더 맞는지는 몰라도, 둘 다 꽤 '교묘한 말솜씨'를 지녔다고 생각할 법하다. '질문만 하지 말고 당신의 생각을 말하라'는 트라시마코스의 나름 합당한 요구에 맞서 소크라테스가 화려한 언술로 요리조리 피해 가는 모습을 보면 더욱 그렇게 여길 만도 하다.

하지만 중요한 차이가 있다. 소크라테스는 소피스트들과는 달리 '변치 않는 본질'을 믿었던 대신, 그 본질에 다다르기는 대단히 어렵기 때문에 우리 자신의 개념과 주장에 허점이 없는지를 끊임없이 살펴야 한다고 생각했다. **'힘이 정의와 진리를 좌우한다'고 보면서 강자가 지배하는 현실을 논리적으로 옹호하려 했던 트라시마코스와 같은 소피스트들에 맞서서, 소크라테스는 힘에 의해 좌우되지 않는 진리와 도덕을 지향했으며, 이를 위해선 계속해서 질문해야 마땅하다고 보았다.**

트라시마코스가 '강자의 이익을 실현하는 것이 정의'라고 진심으

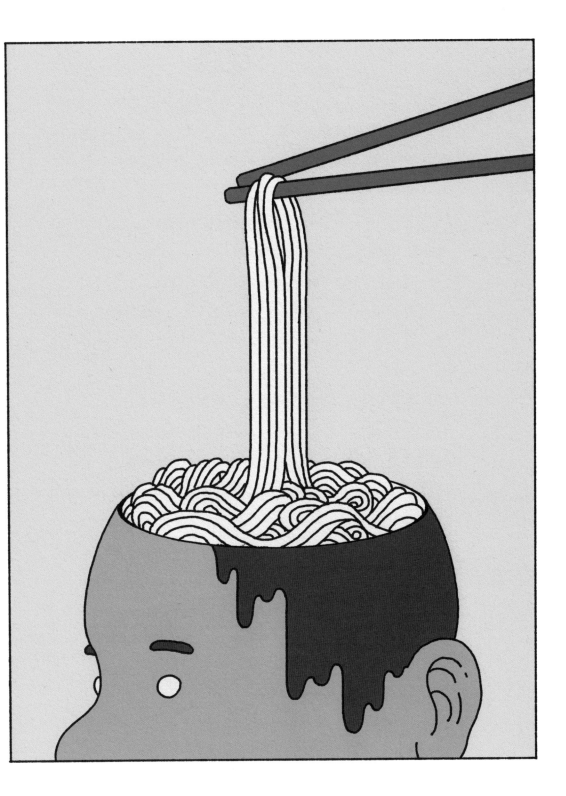

로 믿었던 것 같지는 않다. '양치기와 양'의 비유를 들면서까지 통치자들의 이기심을 강조하고 싶었던 그가 갑자기 "사실 올바른 것은 남에게 좋은 것을 하는 것이고 그걸 하는 자신에게는 해가 되는 것입니다. 따라서 정의롭지 못한 자가 행복하고, 정의로운 자는 비참해질 수밖에 없습니다."라고 말한 데에서 이런 측면을 엿볼 수 있다.

아마도 트라시마코스는 이타적인 것이 정의로운 것이라고 생각은 하지만, 정의롭지 않은 이들 즉 이기적인 자들이 오히려 더 행복해지는 현실을 보고 '정의를 추구하는 이들은 비참해진다'는 결론을 내렸을 수도 있다. 그리하여 현실 세계에서 '정의는 강자의 이익을 위한 논리일 뿐'이라며 '냉소'하게 되었는지도 모른다. **소크라테스가 꿰뚫어 봤던 것은 어쩌면 이 '비뚤어진 마음'이었을 게다.**

나는 소크라테스가 자신보다 나이가 어린 트라시마코스를 하나부터 열까지 가르쳐 줌으로써 트라시마코스의 무지를 드러냈다고 생각하지 않는다. 트라시마코스의 묶이고 뭉친 마음, 그럼으로써 논리적으로도 얽히고설켜 버린 매듭(그 결과가 자의적인 개념 규정이고 논리적으로 상충하는 주장이었다)을 하나하나 풀어 가지런히 해 주는 데 소크라테스의 의도가 있었다고 본다. 소크라테스가 구석구석 던져 놓은 질문은 그 닫힌 마음과 엉켜 버린 논리를 푸는 열쇠가 되었다.

리처드 파인먼의 질문

수천 년 전의 그리스 이야기, 게다가 '올바름'과 같은 추상적이고 다분히 도덕적인 주제의 대화를 통해 질문의 중요성과 다양성을 이해하는 건, 다소 멀고 어렵게 느껴질 수 있다. 그렇다면 이번엔 현대 과학의 문답법으로 옮겨 가 볼까? '자력이란 무엇인가?'라는 질문을 두고 거침없는 답변을 이어 가는, 노벨 물리학상 수상자 리처드 파인먼의 대담을 한번 접해 보면 좋겠다. 유튜브 검색창에 '리처드 파인먼'이라고 입력하면 관련 영상을 여러 개 찾을 수 있다.

그 가운데 몇몇 개만 골라 보아도, 그리 길지 않은 대담 속에서, 현대 과학의 가장 근원적인 이슈에 대해 새로운 시각과 지식을 얻는 놀라운 경험을 할 것이다. 나아가 '좋은 질문' 혹은 '적합한 질문'이란 무엇인가에 대해 힌트를 얻는 소중한 기회를 얻기도 할 테다.

예컨대 '자력'이 무언지를 묻는 가장 대표적인 영상에서 대담자는 "다른 극끼리는 서로 달라붙고 같은 극끼리는 서로 밀치는 자석"에 관련된 (당대 최고의 천재로 불리던 파인먼에게 기가 눌려선 안 된다고 단단히 다짐한 듯 일부러 다소 뻔뻔하게까지 느껴질 수 있는 분위기로) 초보적인 질문을 던진다.

대담자: 이 자석들 사이에 '뭔가가 있다는 느낌'이 드는데 그게 뭐죠?

파인먼: 당신이 말하는 그 느낌이란 게 무슨 의미인가요?

대담자: 그 자석들 사이에는 분명히 뭔가가 있잖아요? 우리는 그걸 감지하잖아요? 그게 뭔지 묻는 겁니다.

파인먼: 제 질문을 잘 들어 보세요. 당신은 '느낀다'고 했어요. 당연히 우리는 뭔가를 느끼죠. 그런데 **정확히 당신이 알고 싶은 게 뭔가 묻는 거예요.**

대담자: 제가 알고 싶은 건 '이 두 금속 사이에서 무슨 일이 벌어지고 있는가?'입니다.

파인먼: 자석이 서로를 밀치고 있는 거죠.

대담자: (자기 생각은 안 밝히고 질문만 던지는 소크라테스에게 트라시마코스가 품었던 불만 같은 게 있었는지, 다소 당황하고 짜증 난 듯한 말투로 다시 묻는다.) 그러니까 그게 무슨 의미냐는 거죠. **'왜' 그것들이 그런 일을 하는지, 또는 '어떻게' 그런 일이 가능한지.**

파인먼: (잠시 말을 끊고, '이 녀석에게 무엇부터 가르쳐 줘야 하는 걸까' 고민하는 듯한 표정으로 바라보다가 입을 연다.) 당신이 지금 질문하는 건 말이에요…….

대담자: (그 표정에서 당혹감을 느낀 동시에, 또 역질문을 던질 것 같은 예감이 들었는지, 이번엔 파인먼의 말을 끊으며 다소 억울한 듯한 말투로 항변한다.) 제 질문은 충분히 합리적인 것 같은데요?

파인먼: (대담자를 뚫어지게 쳐다본 다음, 체념한 듯 달래는 말투로 말한

다.) 물론이죠. 충분히 합리적이에요. 그리고 좋은 질문이기도 하고요. 됐나요? 그런데 당신 질문의 문제는…… 이거예요. '왜 이런 일이 일어나는가?'라고 물으면 사람들은 뭐라고 답할까요? 예를 들어 "미니 이모가 입원해 있는데 이유가 뭘까?"라고 물으면, "넘어져서 그랬어. 외출했다가 얼음에 미끄러져 넘어졌고, 그래서 고관절이 부러졌거든."이라고 답했다 쳐요. 그럼 대부분의 사람은 만족하죠.

하지만 다른 행성에서 온 존재에게는 그 답이 만족스럽지 못할 겁니다. 일단 그는 '고관절을 다치면 왜 병원에 가야 하는지'를 이해하지 못하겠죠? 또 이모가 '고관절을 다쳤는데 어떻게 병원까지 갈 수가 있었는지'도 궁금할 겁니다. (…) **'왜'라는 질문은 서로가 이미 알고 있는 것들의 범주가 확정되었을 때에만 답이 가능해요. 만약 그렇지 못하다면, 즉 서로에게 익숙한 지식의 수준과 범위가 다르면, 답을 들은 상대는 끊임없이 '그건 또 왜 그러한지'를 물어야만 할 겁니다.**

파인먼의 대답, 아니 정확히 말하자면 스스로 질문을 던지고 대답하는 일련의 묘기에 가까운 말들이 이 뒤로도 한동안 속사포처럼 쏟아진다. 그 내용을 두 마디로 요약하면 이렇다. 당신은 당신이 이해할 수 없는 답변을 들을 수밖에 없는 방식으로 질문을 던졌다. 그래서 나는 당신이 이해할 수 있을 만큼("두 금속이 서로를 밀치고 있는 거죠."라고)만 답했다.

'자, 당신이 얼마나 똑똑한지 대답을 해 봐!'라는 투로 자신만만하게 질문을 던졌던 대담자로서는, 대상에 대한 지식의 본질을 꿰뚫는, 이 폭포수같이 쏟아지는 대답 앞에서 꿀 먹은 벙어리가 될 수밖에 없었을 테다. 천재 앞에서 잘난 척하며 어설픈 질문을 던졌다가는 시쳇말로 뼈도 못 추리겠구나, 하며 말이다.

질문은 지식이 많은 이들만 잘 사용할 수 있는 무기일까?

이렇게 소크라테스식 문답법과 산파술은 참된 지식에 이르기 위해 꼭 거쳐야 할 질문의 중요성과 가치에 대해 절실히 느낄 수 있게 해 준다. 그리고 질문을 잘해서 좋은 답을 얻으려면 다양하면서도 정확한 질문의 기술이 필요하다는 점에도 고개를 끄덕이게 한다. 하지만 동시에 난감함을 주기도 한다. 묻는다는 것이 중요하다는 걸 알겠고, 다양한 질문과 대답을 통해 깊이 있는 지식을 얻을 수 있다는 사실도 체감했지만, 그래서 오히려 '묻는다는 일'이 더 어렵게 받아들여질 수 있기 때문이다.

소크라테스나 파인먼쯤 돼야 제대로 된 질문을 할 수 있다면, 그에 한참 못 미치는 우리가 '묻는다는 건' 대체 어떻게 가능하단 말인가? 질문하는 일은 더 똑똑하고 잘 아는 사람들의 몫으로 남기고, 나는 그저 그들이 알려 주는 길을 따라가는 게 더 나은 일 아닌가?

우선 그런 궁금증이 생긴 것만으로도 큰 진전이다. 소크라테스가 말한 것처럼 '나 자신의 무지를 알게 되었다'는 의미이기도 하니까. 여러분은 바로 그 질문을 통해 다음 칸으로 가는 문의 열쇠를 얻은 셈이다. 묻는다는 것은 모르는 자의 기술이 아니라, 역설적으로, 아는 자의 기술인가? 더 많이 알아야 더 좋은 질문을 할 수 있다면, 무지한 이들의 질문은 언제, 어떻게 가능해질까?

그리하여 이제 여러분은 이 질문열차를 이끄는 머리칸, 그것도 바로 열차의 심장이랄 수 있는 기관차로 가는 문을 열었다.

머리칸:
질문의 힘은 어디에서 나올까?

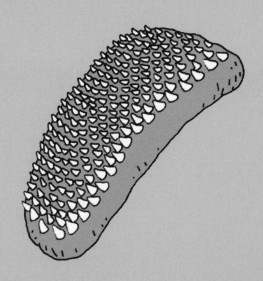

머리칸에 자리한 기관차에는 다른 열차와는 달리 엔진, 즉 '동력 기관'이 있다. 열차가 승객이나 화물을 싣는 기능만 있다면 카페나 호텔과 다를 바 없다. 열차는 이동해야 할 목적지가 있다. 중간역이 됐건 종착역이 됐건 승객이 원하거나 화물의 주인이 원하는 곳까지 움직여야 한다. 그러려면 어디선가 힘이 나와야 한다. 석탄을 태워 끓인 물로 증기를 뿜어내서건, 디젤유에 불꽃을 댕겨 폭발시켜서건, 선로나 전선으로부터 전기를 받아서건, 엔진 또는 모터를 돌려 그 육중한 열차를 끌고 가야 한다.

설국열차의 엔진은 17년을 달리는 동안 한 번도 멈추지 않았다. 머리칸에 있는 설국열차의 설계자이자 지배자는 자신이 만든 무한 동력 기관은 쉼 없이 달릴 수 있으며 그 덕에 당신들이 살 수 있었다고 말한다. 하지만 알고 보니 그 엔진을 버티게 한 것은 비좁은 기관실에 들어가 사실상 엔진의 부품이 되어 버린 어린아이들의 희생이었다.

질문열차의 기관차로서 머리칸의 힘은 결국 질문의 힘이다. 그런데 앞선 칸에서 찾아든 의구심처럼, 질문의 힘이 정말 '몰라서 궁금한 사람'에게 주어진 힘인지 아니면 '더 많이 알고 있는 사람'이나 제대로 쓸 수 있는 힘인지 아리송하다. **질문의 힘은 어디에서 나올까? 더 많은 지식과 권력을 갖고 있는 이들의 능력일까, 아니면 다른 어떤 것일까? 그 힘을 제대로 사용하기 위해선 무엇이 필요할까?**

지적 대화를 위해 사용된 진짜 질문의 힘

질문하는 사람은 열등한, 즉 낮은 위치에 있고, 답하는 사람이 우월한, 즉 더 높은 지위에 있다고 흔히 생각한다. 아주 틀린 말은 아니다. 나이가 어리고 학생인 여러분은 보통 질문을 하고, 어른이고 선생님인 사람이 보통 답을 주니까. 또 지식이 부족한 사람이 묻고 지식이 있는 사람이 답을 하게 마련이니. 흔히 하는 말로 '아는 것이 힘'인 세상에서, 질문하는 건, 즉 모르는 건 약한 것으로 비칠 수밖에 없다. **트라시마코스식으로 말하자면, '질문의 힘이란 지식을 지닌 강자의 이익'이라고 할 수도 있겠다.**

바로 앞 일등칸에서 여러분은 '질문의 힘'을 경험했다. 소크라테스는 적재적소의 질문을 던져, '올바른 것'에 대한 자기 주장에 도사린 허점을 트라시마코스가 인정하게 했다. '자력이란 무엇인가'에 대한 리처드 파인먼의 대답은 '정말 궁금한 것'이 무엇인지를 질문자가 곰곰이 되짚어 보게 하는 질문으로 채워졌다.

그런데 그건 '질문의 힘'이기는 하지만 순수하게 '모르는 이의 힘'이 아니라 '알기 때문에 던질 수 있는 질문의 힘'이 아니었냐고 반문할 수 있다. 반은 맞고 반은 틀리다. **단지 더 많이 알아서가 아니라, '진정으로 궁금해해야 할 것'에 대해 더 정확히 알아서, 자신과 상대가 이미 알고 있는 것과 아직 알지 못하는 것을 구별할 줄 알아서, 이들의 질문은 강력한 힘을 지닐 수 있었다.**

뻔히 그 답을 알면서도 상대에게 질문 공세를 펼쳐, 상대를 곤란하게 하고 주눅 들게 하는 잔인하고 고약한 심보가 아니냐고도 반문할 수도 있다. 이 또한 맞는 말이기도 하고 틀린 말이기도 하다. 답 혹은 답에 가까운 지식이 있기 때문에, 상대를 할 말 없게 만드는 질문을 던질 막강한 힘이 있었던 것은 맞다. 그러나 이들이 그저 상대의 자존심을 상하게 해서 자신의 우월한 지위를 확인하려는 의도였다면, 그 대화의 상대자나 우리는 설득되지도 않고 감동하지도 못했을 테다.

실제로 **질문의 힘을 알고 과신하는 이들은 질문권을 독점하거나 상대의 질문에 줄곧 반문만을 되돌려 주는 식으로 질문의 힘을 오용하려는 유혹에 빠지는 경우가 많다. 그러나 그건 소크라테스식으로 말하면 '올바른 질문의 힘'이 아니다.** 이들은 문답법에 대한 어설픈 지식으로, 또는 얼치기 궤변론자들이 쓴, '토론에서 백전백승하는 법'과 같은 책을 몇 권 읽고서는, 그저 상대를 곤궁에 빠지게

(실은 말할 기운이 빠지게) 하려고 이런 기법을 쓴다.

트라시마코스의 의심처럼 만약 소크라테스가 진짜로 답을 회피하려고 질문만 했다면, 그리고 대담자가 잠시 발끈했던 것처럼 리처드 파인먼이 말꼬리만 물고 늘어지는 식으로 역질문만 하려 했다면, 자신의 기존 지식의 허점을 발견하지도, 새로운 지식으로 나아가는 창을 열지도 못했을 것이고, 그저 불쾌함만 남았을 것이다. 그건 질문하는 궤변론자의 목적일 수는 있어도 질문하는 철학자의 몫이 아니다.

소크라테스와 파인먼은 '문제가 되는 것을 명확히 하기 위해' 질문을 활용했다. 그리고 질문'만' 쏟아부은 게 아니라, 상대의 질문에 대한 부분적인 대답을 주고 자신의 질문에 대한 상대의 대답 혹은 동의를 거치며 질문을 발전시켜 나갔다. 요컨대 이들은 상호 이익을 위해, '더 나은 지적 대화'를 목적으로 질문의 힘을 사용했다.

대화를 망치기 위해 사용된 가짜 질문의 힘

반면 아래처럼 반항기를 겪는 청소년이 부모님이나 선생님에게 삐딱하게 굴려고 질문할 때, 그런 대화는 애초부터 불가능해진다.

엄마: 스마트폰 게임 그만하고 어서 밥 먹어.

아들: 게임도 하면서 밥도 먹을 수 있는 거 아니에요?

엄마: 게임이 먼저니, 밥이 먼저니? 정 게임이 하고 싶으면 밥 다 먹고 하면 되잖아.

아들: 왜 밥이 먼저인데요? 게임이 먼저일 수도 있잖아요?

엄마: 밥이 게임보다 중요하지, 게임이 밥보다 중요하니?

아들: 저한테는 게임이 더 중요할 수도 있는 거 아니에요?

엄마: 그럼 밥 먹지 말고 게임이나 해!

아들: 싫은데요. 밥도 먹고 게임도 할 건데, 뭐가 문제예요?

엄마는 아들이 밥을 제대로 안 먹을까 봐 걱정했을 수도 있지만, 식탁에서 게임하는 모습이 거슬렸을 수도 있다. 그런 엄마의 속내를 아는 아들은 가장 쟁취하기 어려운 '식탁에서의 게임권'을 사수해야 다른 경우에도 자유롭게 게임을 할 수 있다고 생각하며 고집 피우는지도 모른다. 물론 아들은 '여가로서의 놀이'와 '필수적 생활 행위로서의 식사' 사이에서 본질적인 우선순위를 진지하게 따져 묻는 것일지도 모르고, 엄마는 식탁에서 갖추어야 할 예절을 두고 진심으로 논전을 벌이고자 했을 수도 있다.

실상이 무엇이건, 이런 식의 대화는 단순히 '갈 길 잃은 다툼'의 다른 말일 뿐이다. 그리고 **여기에서 질문은 '더 나은 지식'이나 '더 깊은 공감', '더 넓은 이해'로 나아가기 위한 수단이 아니라, 그저 '나는 절대로 패배하지 않겠다는 의지'를 표현하는 불쾌한 무기에**

불과하다.

이런 일은 사춘기 자녀와 갱년기 부모 사이의 위태위태한 관계에서만 발생하지 않는다. 내가 운영하는 유튜브 채널에서 실시간 댓글로 주야장천 질문만 달던 사람이 있었다. 내가 "선과 악을 가늠하는 도덕적인 태도는 중요하지만, 정치, 경제, 예술 등에서 오로지 선악만 따지는 건 그리 생산적이지 못하다."라고 언급하자, 그 사람은 "도덕적 해이 현상을 경계해야 하는 거 아닌가요?"로 시작해서, "도덕이란 무엇인가요? 보편적인 가치 아닌가요?"와 같은 질문을 연속으로 던졌다.

조금 이상했지만 그 나름대로 합당한 질문이다 싶어, "도덕이 보편적으로 추구되어야 한다는 점을 부정하지는 않는다. 세상에 선한 것도 악한 것도 없다는 식으로 도덕의식을 흐림으로써 이득을 얻는 건 대개 의도가 악한 사람들이다. 하지만 당장 선악의 관점에서만 섣불리 판단 내릴 수 없는 것들도 많다. 모든 것을 그 시점에서의 선과 악으로 나누려다 보면 오히려 다양한 가능성을 질식시킬 수 있다."고 답했다.

그랬더니 그는 "선과 악이란 무엇인가요?", "섣부르다는 건 주관적인 판단 아닌가요?", "가능성이란 건 대체 뭔가요?" 등등 (그나마 이때까지는 주고받는 말에 어느 정도 연관이 되기는 했지만) 도무지 끝날줄 모르는 질문 세례를 이어 갔다. 심지어는 다른 이들의 댓글에도 오로지 온갖 반문으로만 일관된 질문을 쏟아 냈다.

궁금한 게 너무 많아서 주체하지 못하는 걸까? 혹은 소크라테스의 문답법을 잘못 익힌 걸까? 철학자 쇼펜하우어의 『논쟁에서 이기는 38가지 방법』이라도 읽은 걸까? 그 책에 실린 일곱 번째 방법, "질문 공세를 통해 상대방의 항복을 얻어 내라."를 너무나 충실히 따르고 있었으니 말이다. 하여 나는 "질문을 던지는 건 좋지만, 서로 질문하고 대답하는 방식으로, 상대의 반응을 기다리며, 그에 맞춘 대화를 해야 한다. 질문 공세만 펼치는 건 대화가 아니다."라고 말했다.

아마 그맘때쯤 댓글 달기가 잠시 금지되는 규칙을 적용받았던 듯한데, 제한이 풀리자마자 그는 온갖 저주를 토해 냈다. 결국 규칙 위반으로 댓글 차단 조치를 받기 전 그가 남긴 마지막 질문은 "시청자가 보는데 일 대 다수로 어떻게 대화가 가능하냐?"였던 것으로 기억한다. 솔직히 무슨 말인지조차 이해가 안 갔지만, 혹여 일대일로 대화를 한들 달라졌을까 싶다.

온갖 이상한 사람이 꾀어들게 마련인 유튜브나 각종 커뮤니티의 게시판, 온라인 뉴스 기사 등에 달린 댓글은 대부분 처참하다. 대화가 아니라 배설을, 주고받음이 아니라 일방적으로 토해 냄을 목적으로 한다. 그들이 던지는 질문은 거의 대부분 '가짜 질문'이다. 실용적이지도 않고, 사유적이지도 않으며, 그렇다고 참여자 다수가 즐길 만한 유희적 대화도 없다. 흔히 하는 말로 '중2병에 걸린 청소년'의

객기라고도 말하기 어렵고, 소피스트의 나름 화려한 궤변에도 이르지 못한다.

그런데 사춘기 자식과 갱년기 부모 사이도 아니고, 익명의 그늘에 숨은 온라인 난장판도 아닌, 지극히 성숙한 이들 사이의 격조 높은 대화가 오가야 마땅할 장소에서도 이런 일이 점점 더 흔해지고 있다. 국회 청문회나 기자회견, TV·라디오 토론에서도 '진실로 궁금한 것'이나 '더 생산적인 지적 대화'와는 전혀 거리가 먼 질문이 넘쳐 난다.

주어진 '의혹'에 열심히 대답하려고 하는 장관 후보자에게 기껏 던진다는 질문이 "그래서요?"와 "왜요?"였던, 이름난 언론사의 기자들도 있다. 아마도 그들은, 앞선 식탁에서의 '반항기 청소년'처럼, 영어에서 비슷한 의미를 지닌 "So what?"이란 무적의 질문법을 익혔던가 보다. 실제로 영어권의 사춘기 아이들도 이 표현을 자주 쓴다. 그저 비아냥이 목적일 뿐인 거다.

"그래서요?"라는 말은 상대의 대답이 정말 어처구니없거나 알맹이가 없을 때 '본질에 대한 경각심을 환기하기 위해', 스스로 예의 없다는 비난받을 가능성을 어느 정도 감수하면서 던지는 지극히 예외적인 형태의 질문에 불과하다. 정상적인 대화를 위한 질문의 범주에 들어가선 안 될 표현이다. 상대의 대답이 흐릿하고 불투명하다고 느낀다면, 명확하게 대답되길 바라는 지점을 정확히 찍어 다시 질문하면 될 일이다.

한편, 이렇게 말하는 국회의원도 있다. "묻는 말에만 대답하세요! '예'면 예, '아니요'면 아니요, 어떤 겁니까?" 하지만 이건 질문이라기보다는 범죄자를 앞에 두고 하는 심문에 가깝다. 앞서 말했듯 심문도 질문의 일종이긴 하다. 그러나 수사기관이나 법정처럼 강제력이 필요한 조건에서, 상대의 인권을 침해하지 않는 범위 안에서, 제한적으로 이루어질 질문법이지 결코 '수렴형 질문'의 모범적 형태라고 말할 수 없다.

다른 한편, 질문권자에게 대답할 의무만 있는 사람임에도 자신의 의무보다 내 것이 아닌 질문권 행사에 더 충실한 경우도 있다. 예컨대 어떤 청문 대상자인 장관은 국회의원이 국민을 대표하여 던지는 질문에 답을 하기는커녕, "그럼 의원님이 장관이었을 때는 왜 그러셨나요?"라는 식의 반문으로 일관하기도 했다. 소크라테스적 반문 기법을 써서 상대를 제압했다며, 스스로를 기특하고 멋지게 여겼을지는 모르겠다. 실제로 그를 '말 잘하는 장관'으로 치켜세우는 무리도 있다. 하지만 이는 논리적 반문이 아니라 그저 소피스트식 논점 일탈에 불과하다.

질문의 힘과 질문 권력

바로 앞에서 언급한 사례는 질문의 힘을 오용하여 '묻는다는 것'의 가치를 떨어뜨리는 행동에 해당한다. 이들은 질문의 힘을 제대로 쓰지 않거나, 자신에게 주어지지 않은 '질문 권력'을 빼앗아 대화를 흔들려고만 한다.

우리가 '힘'이라고 부르는 것은 무언가에 영향을 미칠 수 있는 가능성을 의미한다. '권력'도 그런 힘의 일종인데 상대가 원하지 않더라도 그걸 하도록 만드는 강제력까지 지닌다. 질문의 힘은 더 활기찬 대화를 가능하게 하고 더 나은 지식으로 가는 문을 열어 주는 것에서 실현된다면, 질문 권력은 우리 사회의 공적 필요에 의해 상대가 답하지 않을 수 없도록 만듦으로써 완성된다.

공식적인 권력, 즉 공권력은 사회적으로 합의된 법이나 규칙 등에 근거를 두어 행사된다. 따라서 공권력이란 그 사람의 힘이 아니라, 그걸 권한으로서 보장해 준 사회제도의 힘이다. 공식적 질문 권력은, 이렇게, 법과 제도가 질문자에게 권한을 부여하고 답변자에게 의무를 지움으로써 성립된다.

예컨대 피의자를 부르거나 잡아 가둔 다음, 질문의 가장 강압적인 형태라 할 수 있는 심문을 할 수 있는 권한은 수사기관과 사법기관에만 주어진다. 대정부 질의, 청문회, 국정조사 등을 통해 행정부의 담당자나 기타 관계자를 불러 조목조목 따져 물을 수 있는 의원들의 권한도 이런 질문 권력의 일종이다. 또 취업 지원자에 대해 면접관은 막강한 질문 권력을 갖는다. 여러분이 학교에서 치르는 시험도 마찬가지다. 면접관의 질문 그리고 시험지가 던지는 질문에 답해야 한다. 그 답에 따라 성적과 당락이 좌우된다.

비공식적인 권력도 있다. 특별히 제정된 법과 규칙은 없어도 관습과 문화에 따라 사실상의 강제력을 발휘할 수 있는 경우다. **언론은 비공식적인 질문 권력을 대표한다.** 언론은 대통령, 장관, 국회의원 및 기타 공직자 등의 권력자들은 물론, 기업이나 사회단체 혹은 일반 개인에 이르기까지 모든 종류의 취재 대상에게 질문을 던진다. 그렇다고 해서 언론의 인터뷰 요청, 언론의 토론 초청 등에 반드시 응할 의무가 있는 것은 아니다. 언론은 질문할 수 있고 대체로 대답을 얻어 내긴 하지만 수사기관처럼 강압할 수는 없다.

물론 대통령 선거, 국회의원 총선거, 지방선거 등에서는 정당이나 후보자가 의무적으로 참여해야 하는, 법으로 정해진 방송 토론회가 있기는 하다. 그러나 그 경우에도, 참석을 거부한다고 해서 심각한 처벌을 받는 건 아니다. 언론의 질문을 회피함으로써 발생하는 불이익은 간접적인 형태로 돌아온다. 예컨대 언론은 취재 대상이 '인터뷰에 응하지 않았다'고 밝힘으로써 당사자에게 어딘가 '떳떳하지 못한 구석'이 있음을 암시한다. 또는 답변을 거부한 이들에게 의도적으로 불리한 보도를 하기도 한다.

질문 권력은 시민의 알 권리로부터 나온다

현대 민주사회에서 공식적·비공식적 질문 권력의 정당성은 모두 시민의 '알 권리'로부터 나온다. 알 권리는 우리 헌법에 명시되어 있지는 않지만 시민에게 보장된 기본권의 일종으로 확립되어 있다. 정보공개법은 이런 헌법적 기본권으로서의 알 권리를 법률로 구체화한 것이다. 이에 따르면 모든 공공기관은 시민이 요구하는 정보를 공개할 의무가 있다. 나아가 수사기관, 사법기관, 대통령, 국회의원 등의 공식적 질문 권력은 근본적으로는 그들이 권력자라서가 아니라 시민의 알 권리를 대신하기 때문에 힘을 지닐 수 있다. 그래서 그들은 시민을 대신하는 질문 권력뿐만 아니라 시민이 직접 혹은 간접적으로 던지는 질문에 성실히 답할 의무도 동시에 갖는다.

　'알 권리(right to know)'에 대응하는 의무 개념으로 '설명 책임(accountability)'이 있다. 질문 권력이 아무에게나 주어지지 않듯, 설명 책임 역시 아무에게나 지워지지 않는다. 본래 질문 권력은 민주적 공동체의 구성원이자 주인인 시민에게 주어진 것이고, 설명 책임은 그런 시민이 (다스림을 받는 자로서가 아니라) 주권자로서 갖고 있는 권력을 잠시 맡겨 둔 대행자, 즉 공직자에게 부과되는 것이다. 이

로써 공직자는 언제든 시민의 질문에 성실히 답변해야 할 의무를 지닌다.

그런데 시민은 알 권리와 그에 따르는 질문 권력을 직접 사용할 수 없는 경우가 대부분이다. 그래서 본래는 시민 스스로 행사하여야 할 행정 권력, 입법 권력, 사법 권력을 대신하는 공직자로서 대통령, 국회의원, 법관 등등이 있듯이, 시민의 질문 권력을 대신하는 공직자 역시 필요하다. '국회 대정부 질의'라든가 '국정감사', '국정조사'라는 말을 들어 봤을 게다. 국민이 직접 선출한 대통령이 이끄는 행정부에 대해 지역 유권자의 투표로 뽑힌 국회의원들로 구성된 국회가 시민을 대신해 사용하는 질문 권력의 대표적인 예다. **언론 역시 '시민의 알 권리'를 대신할 수 있다고 여겨지기 때문에 질문 권력을 사용할 수 있을 뿐이다.**

알고 싶어 하라, 그러면 길이 열린다

다시 이 머리칸이 던진 문제, 즉 질문의 힘, 나아가 질문하는 권력의 크기는 결국 '지식의 크기'에 비례하는 거 아닌가라는 의구심으로 돌아가 보자. **질문의 힘은 '모르는 자의 힘'이 아니라 오히려 '아는 자의 힘'이고, 따라서 결국 더 많이 아는 사람이 더 적게 아는 사람에게 가하는 압력에 불과한 것은 아닌가 하는 의구심** 말이다. 앞에서도 잠시 말했지만, 꽤 맞는 말이다. 많이 알수록 더 좋은 질문을 할 수 있고, 내 지식의 크기가 더 크기에 질문을 통해 상대의 무지를 드러낼 수 있기 때문이다.

그러나 반드시 그렇지만은 않다. 질문의 힘은 대화를 대화답게 해 주는 상호작용성에서 만들어지고, 질문 권력은 시민의 알 권리로부터 나온다. 더 많이 아느냐, 더 적게 아느냐는 근본적으로 이 힘과 권력을 규정하는 조건이 아니다. 더 많이 알건 모르건, 정확히 알고 싶어 하고 그럴 권리가 있기 때문에 물을 수 있다. 또 우리를 대행하는 질문 권력은 보통 사람들의 궁금함, 그리고 그들이 궁금해할 필요가 있는 것에 토대를 둘 때 올바로 쓰일 수 있다.

그래서 우리는 스스로 나서서 물어야 한다. 만약 직접 질문할 수 없다면 우리를 대신해서 질문하는 권력이 제대로 질문하고 있는지를 지켜봐야 한다. 이렇게 더 잘 묻고 더 잘 감시하기 위해서 '이왕이면' 더 많이 알 필요가 있을 뿐이다. 아니 더 많은 궁금증을, 더 정교하고 더 날카로운 질문으로 다듬는 '훈련'이 필요할 따름이다. 단순히, 더 많이 아는 자가 더 적게 아는 이를 괴롭히는 일이 '질문의 힘'일 수는 없다.

나쁜 가짜 질문과 진짜 질문, 그리고 좋은 가짜 질문과 진짜 질문 가운데 오직 좋은 진짜 질문만이 우리를 더 나은 지식으로 이끌고 그로써 우리 사회를 개선한다. 각 개인 각 부문이 마땅히 궁금해해

야 할 것에 의문을 품고 스스로 질문 권력을 쓰거나, 그걸 대행하는 이들을 통해 책임자들의 설명을 이끌어 내야 한다. 우리 사회에는 그러라고 만들어진, 질문 '대행자', '훈련자'. '선구자'가 있다.

대표적으로 '질문 대행자'인 언론은 우리를 대신하여 질문 권력을 사용하고, 질문의 힘을 체감하게 해 주는 존재다. 1987년 대학생 박종철 씨가 "턱! 하고 (책상을) 치니 억! 하고 죽었다."는 경찰의 해명에 '위화감'을 느껴, 그 사망 원인에 대해 질문을 던졌던 언론은 우리 사회의 민주화를 앞당겼다. 그러나 2014년 세월호 피해자가 전원 구조되었다는 정부 발표에서 '위화감'을 느끼지 않은 채 앞다퉈 받아쓰기만 했던 언론은 참사의 방관자였을 뿐이다. 질문 권력을 잘 쓰면 존중받지만, 잘못 사용한다면 버림받는 것은 너무나 당연하다.

또, 교육은 '질문 훈련자'이다. 지식을 암기한 아이들이 아니라, '질문의 재미'를 알고 '질문할 권리'를 자연스럽게 받아들이는 아이들을 키워 낸다. 문학, 미술, 공예, 음악 등의 각종 예술은 '창의적 질문의 선구자'이다. 기존에는 당연하게 받아들여졌던 가치관, 아름다움과 올바름에 대한 우리의 나태한 감각을 흔들고, 새로운 종류의 가치관, 아름다움, 올바름을 제시하면서 우리가 미리 경험해 보도록 이끈다.

학문과 연구를 담당하는 대학은 그 자체가 '질문하는 기관'이다. 온갖 것에 대해 끊임없이 질문을 던져 그 해답을 찾음으로써 사회

발전에 기여한다.

여러 사회운동 역시 우리 사회가 시급히 응답하지 않으면 안 될 강력한 질문을 제기한다. 민주화 운동은 독재와 권위주의의 폭력성에 의문을 던졌다. 민권운동은 피부색에 따라 시민권이 차별받아야 하는가를 질문했고, 여성운동은 성별에 따라 차별받는 것이 당연한 일인지를 물었다.

또, 노동운동은 생산을 책임지는 노동자에게는 눈곱만큼만 돌려주고 이익 대부분을 자본가가 가져가는 게 옳은지, 과연 지속 가능한 경제를 만들 수 있는지를 질문한다. 환경운동은 인간이 자신의 터전을 신음하게 하는 게 바람직한지, 이런 식으로 환경을 파괴한다면 인간이 생존할 수 있을지를 묻는다. 이에 대한 답을 마련하는 과정에서 우리는 더 문명적인 존재가 됐고, 더 성숙하게 공존할 수 있는 세상을 만들어 왔다.

이런 질문들은 때론 기존에 당연시되던 것들과 충돌을 일으키고, 그래서 갈등을 만들기도 하지만, 결국 우리를 더 깊은 지식, 더 나은 가치관, 더 포용적인 사회로 이끈다. 더 뛰어난 인간, 더 훌륭한 사회는 이런 질문의 힘을 신뢰하며 적절히 사용한다. 필요에 따라 과감하지만 절제된 형태로 질문의 힘을 쓰는 이들 덕에 우리는 그만큼 나아졌다. **질문을 억압하거나 질문을 포기했을 때 퇴보했고, 거침없이 질문을 던졌을 때 그리고 그에 대해 사회가 진지하게 답하려**

노력했을 때 진보했다.

질문에는 이렇게 훌륭한 힘이 있고, 그 의도와 형태가 올바르기만 하다면 누구나 질문할 수 있어야 한다. 그런데 어쩐지 우리는 그 힘과 기회를 잘 사용하고 있는 것 같지는 않다. 왜 우리는 질문하지 않는가? 어떤 경우에 우리는 질문을 포기하는가? 무엇이 질문을 억압하는가? 우리를 질문하지 않게 만드는 건 나태함인가 아니면 다른 권력의 작용일까?

저만치 질문열차의 종착역이 보인다.

질문열차의 종착역:
그럼에도 왜 우리는 묻지 않는가?

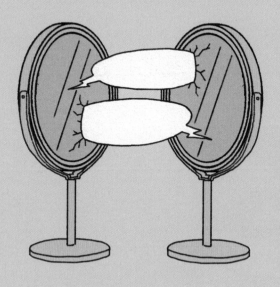

우리는 질문열차 안에서 꼬리칸, 이등칸, 일등칸, 머리칸을 거치며 이동했다. 그리고 그동안 질문열차도 움직였다. 설국열차는 종착역 없이 끝없이 궤도를 돌기만 하지만, 우리가 탄 질문열차에는 다행히 종착역이 있다. 우리가 질문열차의 각 객차를 지나 머리칸까지 와서, 질문열차를 움직이는 힘, 즉 질문의 힘과 질문 권력에 관해, 그 가능성과 위험성에 관해 이야기 나누고 난 지금, 우리는 바야흐로 종착역을 앞두고 있다. 이젠 더 앞으로 갈 곳이 없으므로 질문열차의 머리칸에서 벗어나 다시 바깥으로 나가야 할 때다.

바로 여기에 마지막으로 남은 질문이 있다. 출발부터 지금까지 우리를 이곳으로 이끌어 온 가장 원초적인 질문, 즉 '묻는다는 것은 무엇인가?'를 뒤집은 질문이다. **그럼, 묻지 않는다는 것은 무엇인가? 그리고 질문하지 않음으로써 어떤 결과가 빚어지는가?**

질문하지 않는 기자들

2010년 11월에 서울에서 G20 정상 회의가 열렸다. 미국의 버락 오바마 대통령이 폐막 연설을 했다. 이어진 기자회견 자리에서, 오바마 대통령은 주최국에 대한 배려의 뜻으로 "정말 훌륭한 개최국 역할을 한 한국의 기자들에게 질문권을 먼저 드리고 싶다."라고 했다. 일순 정적이 흘렀다.

오바마 대통령은 그 낯선 침묵의 원인이 자신에게 있다고 생각했던 듯하다. 예정되었던 건 아니었기에, 한국 기자들로서는 미처 준비하지 않은 질문을, 그것도 영어로 하기엔 부담스러울 수도 있겠다 싶었던가 보다. 그래서 그는 "한국어로 질문하면 아마도 통역을 해주시겠죠? 솔직히 통역이 필요한 게 맞죠."라며(이 부분은 오바마 대통령의 의도를 매끄럽게 전하기 위해 살짝 의역했다) 얼어붙은 분위기를 풀려고 했다.

농담이 섞인 말에 청중석에서 웃음이 터졌고 한 기자가 손을 들었다. "실망시켜서 죄송하지만 저는 중국 기자입니다." 오바마 대통령은 일단 주최국 기자들에 대한 배려가 우선이라고 보았는지, "하지만 저는 한국 기자에게 질문을 요청했으니 그편이(일단 한국 기자들에게 질문권을 주는 게) 공정하다고 생각합니다."라고 했다. 중국 기자는 "그럼 제가 대신 질문해도 될지 한국 기자들에게 물어보면 어떻겠느냐?"고 제안했다. 오바마 대통령은 "그건 한국 기자들이 질문을 하고 싶은지 여부에 따라 결정된다."고 답했다. 지금이라도 질문하고 싶은 한국 기자가 있다면 우선권을 주겠다며 중국 기자의 당돌함을 슬쩍 피해 간 그는 "질문하실 한국 기자가 없느냐?"고 두 번이나 더 물었다. 다시 정적이 흘렀다. 결국 첫 질문 기회는 그 중국 기자에게 돌아갔다.

유명한 장면이다. EBS 「다큐프라임」에도 방영됐다. 이 대목이 짧은 동영상으로 만들어져 온라인 공간에 유통됐다. "질문하지 않는 한국 기자들"이라는 제목을 달고서. 이렇게 일종의 '집단 기억'이 된 사건이 못내 상처로 남았던 걸까. 내가 참여했던 KBS 미디어 비평 프로그램 「저널리즘 토크쇼 J」가 폐지된 뒤, 명목상으로 그 뒤를 이었던 프로그램의 이름이 「질문하는 기자들 Q」였다. 기대 반 우려 반, 후속 프로그램을 기다리던 나는 그 제목을 듣고 피식 웃었다. 동어반복이었기 때문이다.

기자는 보고 들은 것을 '기록'하는 사람이기도 하지만, 그 기록을 위해 먼저 질문을 해야만 하는 사람이다. 질문을 품어야 제대로 보이고, 질문을 던져야 무언가를 제대로 들을 수 있다. 따라서 질문하지 않는 기자는 애초에 기자가 아니다. 이 동어반복적인 이름인 '질문하는 기자들 Q'가 미디어 비평 프로그램에 값할 좋은 제목이라며 선택될 수 있었던 우리의 현실이 그래서 우습고 또 서글펐다.

물론 오바마 대통령 기자회견 당시 한국 기자들이 여러 차례 주어졌던 질문 기회를 왜 잡지 않았는지 정확한 이유를 알긴 어렵다. 본래는 그날 별도의 질의응답 시간이 예정되어 있지 않았는데 오바마 대통령이 즉석에서 질문을 받겠다고 해서 생긴 일일 테다. 혹은 그날 한국 기자들은 미국 대통령'을' 직접 취재하는 게 아니라 단지 미국 대통령의 연설 '내용'과 현장 분위기만 취재하도록 상부로부터 지시받았을 수도 있다.

그럼에도 불구하고, 그날 오바마 대통령의 '즉석 제안'에 '즉석 질문'으로 화답한 기자가 없었다는 사실은 분명하다. 그만큼 우리의 취재 문화에서 '묻는다는 것'이 튼실하게 자리 잡지 못했다는 뜻이다. 남의 눈치를 보지 않는 돌발 질문에 익숙한 기자들이 우리 언론 환경에선 그리 흔하지 않다는 점 역시 부인하기 어렵다.

그렇다고, 우리나라 기자가 죄다 질문도 못 하는 '기자답지 못한 기자'라고 깎아내리고 조롱하면서 편견을 품지는 않았으면 좋겠다. 좋은 질문을 던지는 기자들이 당연히 있고, 그런 이들에 의해 여전히 좋은 저널리즘이 만들어지고 있다.

그러나 우리의 '지배적인 현실'에 비춰 볼 때 그 역시 예외적인 경우에 가깝다. 기자회견장에서 날카롭고 신선한, 그러면서도 예의에서 크게 벗어나지 않는 절묘한 질문이 나오는 순간을 만나는 일은 드물다. 대개는 별로 질문하지 않거나, 하나 마나 한 질문을 하거나, 심지어 논점에서 벗어난 질문, 나아가 악의적인 질문을 쏟아 내기 일쑤다. 요컨대 질문 권력을 제대로 대행하는 언론은 드물다.

묻지 않는 이유

기자만 그럴까? 대학에서 강의할 때 나는 질문을 던지고 질문을 받는 일에 역점을 두는데, 던진 질문에 대한 대답도 시원찮을뿐더러 흥미롭고 적절한 질문을 제기하는 경우를 만나기란 쉽지 않다. 대부분 침묵한다. 오바마 대통령이 겪었던 그 난감하고 낯선 정적을 강의실 안팎에서 거의 매일 겪는다.

직장과 학교 등지에서 벌어지는 그 많은 회의(會議, meetings)는 또 어떨까. 모여[會] 있을지언정 의논[議]이 있을까? 말 그대로 그냥 만나는(meetings) 데 의미가 있을까? 얼굴을 마주하고는 있지만 진정으로 눈과 마음이 마주치고 있는 것 같지는 않다.

우리는 질문의 힘을 갖기 원하지만, 막상 그걸 사용해야 할 때 포기해 버리는 경우가 많다. 왜일까? 우리가 꼬리칸에서 머리칸으로 옮겨 오면서 수없이 많이 접했듯이, 묻는다는 건 우리에게 익숙한 좁고 닫힌 공간으로부터 우리를 끌어내 다른 곳으로 옮겨 가게 해 주는 열쇠다. 그런데 왜 우리는 제대로 묻지 않을까?

첫째, 우리는 아직도 권위적이고 집단적인 문화에 익숙하다. 내 주장을 펼치기보다 남의 눈치를 살피는 데에 여전히 더 많은 신경을 쓴다. 권위주의는 나이, 직위 등으로 위아래를 나누어 말이 위에서 아래로만 흐르도록 한다. 집단적인 문화는 '서로 같아지기를 강

요하는 문화'이기도 하지만, 무엇보다 '집단의 압력에 개인이 저항하기 어려운 사회적 분위기'를 가리킨다. 그래서 우리는 '진정으로 조화롭기 위해서'라기보다는, 자신을 둘러싼 집단이나 윗사람을 거슬러서 생길 '불이익을 피하기 위해' 토를 달지 않고 질문도 하지 않는다.

기성세대의 눈으로 보면 지금의 어린 세대는 전혀 그렇지 않은 것으로 비칠 수도 있다. 정말 그럴까? 여러분은 어떤가? 윗사람 앞에서도 질문할 건 질문하고, 당돌하게 할 말 다 하고 살고 있나? 나는 지난 30년간 다양한 연령대에 걸친 수많은 학생을 만나 가르쳐 왔다. 시기에 따라 조금씩 다르긴 해도 내가 보아 온 학생들은 여전히 대부분 '조용하다'.

여러분이 대체로 조용한 건, 눈치를 보기 때문이다. 이익과 불이익이 어디서 갈라지는지를 살피는 눈치가 기성세대보다 더 빠르면 빨랐지 둔감하지 않다. 때로 눈치가 없어 보이는 건 그로 인한 불이익이 없다고 판단해서다. 물론 과거 세대에 비해 점점 덜 권위를 존중하고 집단의 조화를 덜 중시하는 것으로 보인다. 하지만 윗사람의 권한과 집단의 압력이 충분히 강하고 그에 어긋날 경우 여러분에게 불이익을 줄 의지가 강함을 확인한다면 적어도 그 앞에서는 복종한다. 권위에 대한 순종이 아니라 이익을 위한 선택이다. 질문하지 않아서 생길 손해보다 질문해서 빚어질 불상사가 더 가능성이 높을 경우, 질문하지 않기를 택하는 것 같다.

둘째, 모임과 학습에 참여하는 자발성이 부족한 까닭에, 질문과 대답이 잘 이어지는 쌍방향적이고 역동적인 소통을 할 동기를 갖지 못한다. 그 수많은 회의나 강의 등에 우리는 대부분 어쩔 수 없이 끌려 들어간다. 그러니 되도록 빨리 끝내고 그 자리를 빠져나가는 게 최선이다. 질문은 그 지겨운 시간을 더 늘어지게 만드는 원흉일 뿐이다. 그냥 침묵하면 그만큼 일찍 끝난다. 내가 이의를 제기하거나 질문을 던져 그 시간을 연장하는 걸 남들이 싫어한다는 정도는 누구나 안다. 상황이 이런데도 눈치 없이 손을 번쩍 든다면, 회의 주재자나 강의 진행자를 제외한 만인의 적이 될 뿐이다.

이런 동기 결핍 문제는 회의와 강의로부터 얻는 '효능감(efficacy)'이 작아서, 즉 그로부터 이슈 해결, 지식 획득 등의 긍정적 경험이 잘 주어지지 않기 때문에 발생한다. 또 회의와 강의 등에서 나오는 질문의 값어치를 제대로 평가받지 못하기 때문에 문제가 심화된다. 회의를 통해 더 많은 해결 경험을 얻고, 강의에 참여함으로써 더 다양한 지식과 더 깊은 견해를 내 것으로 만드는 즐거움을 누릴 수 있어야 한다. 눈도장이나 찍고 출석 점수라도 얻으려고 버티는 게 아니라, 자발적이고 즐거워야 질문이 활성화된다.

경험칙이 부당한 관습으로

셋째, 이로부터, 질문으로 익숙한 상황을 깨는 것보다, 질문하지 않는 상황에 적응하거나 그냥 회피해 버리는 것이 이득이라는 '경험칙'이 사회적으로 공유된다. 여기서 경험칙이란 각각의 경험이 모여 얻어진 암묵적 지식을 가리킨다. 질문에 관련된 대개의 경험이 부정적이었더라도, 모든 경험이 그랬을 리는 만무하다. 특히 질문이 우리를 더 나은 나, 더 나은 우리, 더 나은 세상으로 이끈다는, 꽤 다른 종류의 더 확실한 경험이 존재함을 적어도 '교과서적으로는' 알고 있을 것이다.

그럼에도 결국 질문하지 않는 건, 질문의 이로움을 직접 체험한 사람보다 질문의 번거로움과 불이익을 체험한 사람이 더 많아서다. 다시 말해, 더 폭넓고 더 빈번하고 더 집단적인 형태의 부정적인 체험이 소수의 긍정적인 체험을 압도하고 있다. 이런 상황을 '학습된 무기력'이라고 한다. 어차피 해 봤자 잘 안 될 것을 안다, 해 봤자 손해와 불이익이 돌아오기 일쑤다, 그렇다면 아예 안 하는 게 낫다. 이런 '지혜 아닌 지혜'가 관습처럼 대물림된다. 우리가 '지금' 질문하지 않는 것은 그것이 비효율적이라는 사실을 '과거의' 경험을 통해 알기 때문에 품게 된 무기력함의 표현이다.

넷째, '부분적으로 합당한' 경험칙이 '전체적으로 부당한' 관습으

로 고착됨으로써 긍정적인 방향으로의 사회 변화가 어려워진다는 데 더 큰 문제가 있다. 우리의 문화적 여건상 질문하는 일이 당장은 비효율적인 경우가 많다고 하더라도, 질문하는 일 '자체'가 비효율적인 것은 아니다. 우리의 소통을 비효율적으로 만드는 원흉은 질문이 아니라, 질문이 제대로 활성화되지 못하는 조건이다.

공부하고 회의하고 대화할 때, 궁금한 걸 묻지 않고 그냥 주어진 대로 받아들이는 것이 시간과 노력을 절약하는 '그나마 효율적인 방법'이라는 확신이 일단 지배하면, 그 비효율적 조건이 오히려 효율적 대화법을 죽이는 결말로 이어진다. 처참하게 내던져진 질문의 사체 위에 아예 '비효율'이라는 그릇된 딱지가 붙는다.

봐라, 쓸데없이 질문을 던지면 저런 꼴이 된다. 그러니 '아닥하고 ~나 하라'는 식이다. 그리고 이 '~'에는 공부, 운동, 취업, 투자, 소비 등의 구체적인 '실천'이 자리한다. 요컨대 질문은 이런 값진 보상을 주는 실천, 즉 내게 성과를 남기는 유용한 행동에 해당하지 않는다는 집단 무의식이 자리하고 있다.

물론 이 '아닥하고 ~나 하라'는 표현(=비속어 조합인 '아가리 닥치고'의 줄임말로, 쓸데없이 토를 달거나 질문하지 말라는 뜻이다)에는 그 나름의 좋은 의도가 없지는 않다. 정말 궁금해서가 아니라 그저 시비를 걸려고, 또는 받아들일 수 없지만 그렇다고 대놓고 거부하긴 뭣해서 던지는 의미 없는 질문을 봉쇄하는 데 효과적이기 때문이다.

하지만 그런 조언을 해 줄 상대가 애초에 그렇게 비딱하고 부정적이라면, '아닥하고 ~나 하라'고 말한들 그 '~'가 제대로 실천될까? 스스로 그 필요를 깨닫거나 동의해서 실천하는 '~'하기가 아니라면 의미가 있을까? 혹은 실천은 그저 '지시 수행'의 다른 말일 뿐일까? 질문을 통해 답을 얻은 결과로 하는 자발적인 실천보다, 그저 시키는 대로 하다 보면 얻게 되는 바가 결국 더 중요하고 유용하다는 걸까? '몸에 좋은 거니 그냥 먹어!'라고 말하는 부모, '분명 시험에 나올 거니까 무조건 외워!'라고 말하는 선생, '다 구원받으시라고 드리는 말이니 일단 믿으세요!'라고 말하는 목사처럼?

당장 침묵한다고 해서 질문의 욕망은 사라지지 않는다

다섯째, 그렇다면 여러분이, 아니 우리 모두가 내심 품고 있을 만한, 탈권위주의적이고 반집단주의적인 욕망은 지금 어디로 향하고 있는가? 작용에 대해 반작용이 없을 수 없고, 해소되지 않은 욕망은 결코 그냥 사라지지 않는다. 나는 대부분 약자이기에 억눌려질 수밖에 없는 그 욕망들이 과거에는 '대나무숲'이라고 불렸고, 현재에는 '익명 게시판'이라고 지칭되는 배설구로 모여들어, 왜곡된 욕망과 폭력적 실천으로 퇴화하고 있다고 판단한다.

과거의 조상들이 실제 대나무숲에서 외친 불만은 아무에게도 전달되지 않고 끝났다. 그런 고함으로 문제는 해결하지 못해도 답답한 속이나마 풀었다면 좋았겠지만, 남에게 가서 닿지 않는 외침은 내부로 향하고 결국 병이 됐다. 지극히 한국적인 정서라고 이야기되는 '한'과 그것의 병리적 표현인 '울화병'이다.

현대판 대나무숲인 '익명 게시판'은 이와는 또 다르다. 보고 들을 사람이 없어서가 아니라 오히려 누군가 보고 들을 거라는 걸 알아서 그리로 향한다. 다만 익명이라는 방패 뒤에 숨을 뿐이다. 당사자가 있는 곳에서는 못 했던 질문을 던지고, 얼굴을 마주하고서는 차마 못 했던 이의를 제기하는 방식이라면 일종의 대안적 소통 창구가 될 수도 있다.

그러나 이 공간을 지배하는 건 하지 못했던 '질문'이 아니라 하지 말아야 할 '욕설'이고, 강한 '이의 제기'가 아니라 강짜 부리는 '비난'이다. 일방적 소통에 반발하는 더 일방적인 소통을, 더 병리적인 형태로 터뜨릴 뿐이다. 게다가 이제는 그것이 훤히 보이고 또 들린다.

백번 양보해서, 그간 억눌리고 가려져 있던 것이 그렇게라도 보여지고, 전혀 들리지 않았던 목소리가 그나마 들리게 된 것은 다행이라고 말할 수도 있다. 그럼에도 불구하고 말하는 자의 이름 없이 무작정 내던져진 메시지는 울화병 이상의 심각한 병의 씨앗을 품고 있다. 그리고 그 병은 너무 빨리, 너무 멀리, 무차별적으로 감염된다. 일반적인 바이러스와는 달리, 퍼지면 퍼질수록, 감염력과 함께 독성도 더욱 강화되는데, 그걸 치료할 약도, 예방할 백신도 마땅치 않다.

'강자'는 이름을 내건 채 일방적으로 말하고, 알량한 질문 권력을 최대한 누린다. 그러면 '약자'는 그늘진 공간으로 숨어 들어가 그런 일방통행에 반발하는 과장된 고함을 그 또한 일방적으로 질러 댄다. 이름을 숨김으로써 얻은 비난 권력을 만끽하면서 말이다.

이런 과정을 거쳐, 애초에 질문이 결핍되어서 생기는 문제를 질문을 채워 해결하지 않고, 오히려 질문을 더 없앰으로써 해결하는 기이한 구조가 자리 잡는다. 실명 공간에서의 대화가 대화 같지 않고 질문이 질문 같지 않아서 발생하는 답답함을, 익명 공간에서 다른 누군가를 저격하고 증오함으로써 마치 '해소한 듯한' 착각에 빠질 뿐이다.

질문 권력에 되묻고 올바른 질문의 힘을 되찾기

이와는 달리 그동안 우리를 억압하고 옥죄었던 조건을 냉철하게 지목하고, 그것을 회피하기보다 근본적으로 대처하는 방법을 재치 있게 제안해 큰 반향을 일으켰던 서울대학교 정치외교학부 김영민 교수의 칼럼 「추석이란 무엇인가」의 일부를 옮겨 와 본다.

추석을 맞아 모여든 친척들은 늘 그러했던 것처럼 당신의 근황에 과도한 관심을 가질 것이다. 취직은 했는지, 결혼할 계획은 있는지, 아이는 언제 낳을 것인지, 살은 언제 뺄 것인지 등등. 그러나 (…) 당신도 과거의 당신이 아니며, 친척도 과거의 친척이 아니며, 가족도 옛날의 가족이 아니며, 추석도 과거의 추석이 아니다. 따라서 "그런 질문은 집어치워 주시죠"라는 시선을 보냈는데도 불구하고 친척이 명절을 핑계로 집요하게 당신의 인생에 대해 캐물어 온다면, 그들이 평소에 직면하지 않았을 근본적인 질문을 던지는 게 좋다. 당숙이 "너 언제 취직할 거니"라고 물으면 (…) 얼버무리지 말고 "당숙이란 무엇인가"라고 대답하라. (…) 엄마가 "너 대체 결혼할 거니 말 거니"라고 물으면, "결혼이란 무엇인가"라고 대답하라. 거기에 대해 "애가 미쳤나"라고 말하면, "제정신이란 무엇인가"라고 대답하라. (…) 정체성에 관련된 이러한 대화들은 신성한 주문이 되어 해묵은 잡귀와 같은 오지랖들을 내쫓고 당신에게 자유를 선사할 것이다. 칼럼이란 무엇인가.

– 「경향신문」 2018년 9월 22일

명절날 모인 가족과 친척들이 서로에게 던지는 질문은 따뜻한 관심이기보다 비수 같은 힐난으로 가슴에 꽂힐 경우가 많다. 정말 궁금해서 하는 질문이 아니라 딱히 할 말이 없어서 하는 '지적질'이기 일쑤인 탓이다. 이렇게 어떤 질문은 진정한 대답으로 이어지지 않고, 어물쩍 회피하게 하거나 불쾌감만 남긴다. 그런데도 우리는 이

왜곡된 질문 권력에 속수무책으로 당하기만 한다. 왜곡되었더라도 질문 권력은 여전히 '권력'이기 때문이다.

김영민 교수의 익살스러운 제안처럼, 이를 벗어날 수 있는 길은 진지하게 '되묻는' 것에서 열린다. 물론 실제로 이렇게 했다가는 명절 분위기를 싸하게 만들 위험이 있고, 대화의 의지 없이 깐족대는 예의 그 '가짜 문답법'으로 끝나 버릴 수도 있다. 하지만 애초에 잘못된 질문이었다. 그 질문 권력을 깨려면 불이익을 감수하고서라도 되물어야 한다. 대체 명절이란 무엇이길래, 이렇게 굳이 모여 서로에게 상처를 주는가? 가족이 무엇이고 친척이 뭐라고, 왜 남보다도 못한 행동을 서로에게 하는가? 이렇게 반문하는 우리에게 '제정신이냐?'고 물으면, 굳이 반기지 않는 질문을 명절 때마다 반복하는 당신들의 정신은 그럼 온전한가? 라고, 그 개개인에 대항해서보다는 사회 전체를 향해서, 물어야 한다.

상황은 비록 희극과 비극이 결합한 모습이지만, 되묻는 질문 하나하나를 곰곰이 따져 보면 결코 무게가 가볍지 않다. 말 그대로 '정체성'에 대한 질문이고, 지금까지 '우리'라고 생각했던 무언가에 대해 던지는 근본적이고 철학적인 질문이다.

그리고 이것은 질문열차의 꼬리칸에서 던졌다가, 더 기초적인 '질문에 대한 질문'을 위해 잠시 접어 두었던 그 근본적인 질문에 다시 맞닿는다. 여긴 어디지? 나는 지금 어디에 있는 거지? 과거의 우리는 현재의 이곳이 아닌 어떤 곳에 있었으며, 어떻게 해서 이곳에 이르렀을까? 또 미래에는 현재의 이곳과는 다른 어떤 곳으로 옮겨 갈까, 아니 움직여 가야 할까?

앞의 칼럼에서는, 그렇게 명절에 대해, 가족에 대해, 결혼에 대해, 예의 바른 질문에 대해, 비록 발칙하지만 근본적인 질문을 던짐으로써, 우리를 되돌아보게 한다. 가족이, 결혼이, 명절이 과거와 같을 수 없음에도 과거처럼 억지로 모아 놓았기에 즐겁고 행복해야 할 우리는 정작 서로를 괴롭힌다.

언뜻 장난스러워 보이는 이 질문들은 우리가 해결해야 할 이 불편함과 불쾌감에 대한 질문이다. 이것은 바로 질문의 요체인 '위화감', 즉 무언가 잘 맞아떨어지지 않고 어긋나 있는 현실에 주목했기 때문에 가능해진 것이다. 이런 질문들은, 진작 사라졌어야 함에도 귀신처럼 떠돌던 해묵은 관습을 내쫓고, 우리로 하여금 자유를 얻게 해줄 것이라고 그는 말한다. 나는 이 자유를 해방이라고 고쳐 부르고 싶다. 진정한 자유는 무제한의 방종을 의미하는 게 아니라, 예속되지 말아야 할 것으로부터 벗어나 자신의 사고와 삶을 책임지는 해방을 가리키기 때문이다.

그리고 이제 여러분은 그간 함께 움직여 온 이 질문열차로부터도 해방되어야 할 시점에 이르렀다.

끝, 새로운 질문의 시작

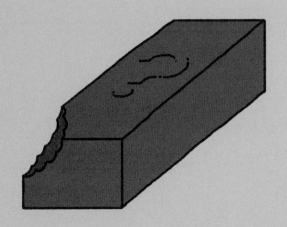

설국열차의 꼬리칸에 있던 사람들은 자신의 현재에 대한 '질문'을 통해 비로소 움직일 수 있었다. 그럼으로써 이 열차에는 '전혀 다른 종류의 객차'가 존재하며, 전혀 다른 삶을 살아가는 사람들이 있음을 알게 된 것이다.

설국열차의 끝에 이른 이들은, 그동안 배급받았던 단백질바가 자신들의 곤궁함의 부산물이었던 바퀴벌레를 자신들의 노동으로 갈아 만든 결과물이었음을 깨닫는다. 다른 객차에서 전혀 다른 삶을 즐기고 있는 이들의 편의조차 자신들의 노동이 만들어 냈음을 인식한다. 지금까지 해 온 힘겨운 노동이, 스스로를 부양하기 위해서만이 아니라, 놀고 먹는 다른 이들의 부유함과 편리를 위해서였음을, 다시 말해 나를 고통스럽게 한 그 '잉여 노동'이 그들을 사치스럽게 먹이고 입히고 재우고 놀리기 위해 강요된 것이었음을 자각한다.

이 모든 깨달음은 최초의 의문에서 시작됐다. 그리고 그 물음이 몸을 일으켜 세웠다. 그렇게 한 칸 한 칸 움직여 가면서 알아낸 새로운 사실과 그로 인해 생겨난 새로운 질문이 연결되면서 마침내 설국열차를 움직이는 기관차에 당도했다.

여기서 질문과 대답의 연쇄는 끝을 맞이할까? 그동안 확산되어 온 질문이 마침내 이곳에서 수렴되는 질문으로 종결될까? 그렇지 않다. 꼬리칸에만 머물렀던 인식이 설국열차 전체에 대한 인식으로 바뀌었지만, 그 확장된 인식과 사유는 이제 설국열차라는 제한된 공간을 물음의 대상으로 삼는 새로운 질문을 필요로 한다. 그래서 궁금해한다.

이 잘못된 삶의 공간인 설국열차를 우리가 지배하는 공간으로 바꾸는 게 답일까? 아니면 그냥 파괴하는 게 답일까? 이 기관차의 엔진을 멈추면 무슨 일이 일어날까? 무한히 도는 설국열차의 궤도 바깥에는 무엇이 있을까?

이 질문에 대한 답은 열차 안에 머물러서는 절대로 찾지 못한다. 그래서 그들은 열차를 멈추고 눈과 빙하로 가득한 바깥세상으로 나아간다. 인간은 자신이 빚어낸 파국인 빙하 시대를 극복하지 못할 수도 있다. 하지만 그런 환경에서 살아가는 다른 생명체도 있다. 이 새로운 질문에 대한 답은 한 번도 경험하지 못한 저 눈 속에서 혹독한 추위와 바람에 맞서 싸우며 얻을 수밖에 없다.

묻는다는 것은 주어진 것에 대한 호기심을 품는 것에서 시작해, 그것이 왜 지금 이곳에 존재하는지, 만약 지금 여기가 아니었다면 이와는 다른 존재가 될 수 있는 것은 아닌지, 주어진 것과는 다른 것이 어딘가 어느 시점엔가는 있었거나 있을 수 있는지를 더 묻는 것으로 나아가는 것이다. 이런 과정은 늘 새로운 앎을 낳고, 그로부터 파생된 새로운 질문으로 이어진다.

이 질문열차는 마침내 종착역에 멈춰 섰다. 이 열차에서 내려 자신만의 새로운 질문을 시작하기 바란다. 그 길은 결코 편안하지만은 않겠으나, 여러분을 해방된 존재로 만들고 우리 공동체를 더 성숙하고 역동적인 사회로 이끌 것이다.

생각이 찾아오는 학교 너머학교

생각한다는 것
고병권 선생님의 철학 이야기
고병권 글 | 정문주 · 정지혜 그림

탐구한다는 것
남창훈 선생님의 과학 이야기
남창훈 글 | 강전희 · 정지혜 그림

기록한다는 것
오항녕 선생님의 역사 이야기
오항녕 글 | 김진화 그림

읽는다는 것
권용선 선생님의 책 읽기 이야기
권용선 글 | 정지혜 그림

느낀다는 것
채운 선생님의 예술 이야기
채운 글 | 정지혜 그림

믿는다는 것
이찬수 선생님의 종교 이야기
이찬수 글 | 노석미 그림

논다는 것
오늘 놀아야 내일이 열린다!
이명석 글 · 그림

본다는 것
그저 보는 것이 아니라 함께 잘 보는 법
김남시 글 | 강전희 그림

잘 산다는 것
강수돌 선생님의 경제 이야기
강수돌 글 | 박정섭 그림

사람답게 산다는 것
오창익 선생님의 인권 이야기
오창익 글 | 홍선주 그림

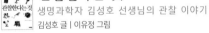

그림을 그린 **이강훈** 선생님은

서울대학교 산업디자인과를 졸업했고, 25년 동안 다양한 책과 매체에 그림을 그려 오고 있습니다. 단순하지만 생각의 여백이 있는 그림 그리기를 좋아하며, 조금 엉뚱하지만 기발한 생각과 그림을 좋아합니다. 글을 쓰고 그린 그림책으로는 「나의 지중해식 인사」, 「도쿄 펄프픽션」이 있고, 그림을 그린 책으로는 「한국 괴물 백과」, 「미래가 온다, 바이러스」, 「1991, 봄」, 「말을 낳는 아이, 애지니」 등이 있습니다.

묻는다는 것

2023년 9월 15일 제1판 1쇄 발행
2024년 9월 20일 제1판 3쇄 발행

지은이	정준희
그린이	이강훈
펴낸이	김상미, 이재민
편집	김세희
디자인	민진기디자인
펴낸곳	(주)너머_너머학교
주소	서울시 서대문구 증가로20길 3-12
전화	02)336-5131, 335-3366, 팩스 02)335-5848
등록번호	제313-2009-234호

ISBN 979-11-92894-33-1 44080
ISBN 978-89-94407-10-4 44080(세트)

blog.naver.com/nermerschool

너머북스와 너머학교는 좋은 서가와 학교를 꿈꾸는 출판사입니다.